Lars Fredrik Händler Svendsen

Tiere verstehen

W0094137

Lars Fredrik Händler Svendsen

Tiere verstehen

Philosophie für Hunde- und Katzenliebhaber

Aus dem Norwegischen von
Daniela Stilzebach

BERLIN UNIVERSITY PRESS

Für Kari Händler Svendsen
(25. Februar 1944 – 17. Oktober 2017),
die mir beigebracht hat, Tiere zu verstehen.

Lars Fredrik Händler Svendsen (geb. 1970) ist Professor für Philosophie an der Universität Bergen. Seine Werke, darunter auch die *Philosophie der Einsamkeit* (bup 2016), wurden bereits in 26 Sprachen übersetzt und mehrfach ausgezeichnet, unter anderem 2008 mit dem Meltzerpreis für hervorragende Forschung und Forschungsvermittlung. 2012 untersuchte er Anders Behring Breiviks sogenanntes Manifest nach den dahinter liegenden ideologischen Inspirationsquellen.

Daniela Stilzebach, Studium der Kommunikations- und Medienwissenschaft, Psychologie und Kulturwissenschaften an der Universität Leipzig; Studium der nordischen Sprachen und Literatur an der Universität Bergen; langjährige Berufserfahrung im Bereich Presse und Öffentlichkeitsarbeit, Redaktion sowie Übersetzungen aus dem Norwegischen, Dänischen und Schwedischen.

Inhalt

Einleitung

Jeder, der ein Haustier hat, hat sich schon einmal gefragt, wie der tierische Mitbewohner die Welt auffasst
und wie zum Beispiel ein Hund oder eine Katze die
Welt erlebt. Weder ein Hund noch eine Katze hat jemals eine Autobiografie verfasst, die uns Auskunft
darüber gibt. Wenn ich auf einem Waldweg einen
Elch, einen Fuchs oder einen Hasen sehe und selbiger
meinen Blick erwidert, wünschte ich, ich könnte
nachempfinden, wie das Tier mich sieht. Wenn in Na-
turdokumentationen gezeigt wird, wie ein Adler
schwebt, ein Schwertwal schwimmt oder ein Kopffüßer auf den Meeresboden hinabgleitet, fragen wir
uns, wie es sein würde, im Bewusstsein dieser Tiere
zugegen zu sein. Der amerikanische Biologe Stephen
Jay Gould behauptet: »Man gebe mir eine Minute –
nur eine Minute – unter der Haut dieses Geschöpfes.
Man kopple mich nur sechzig Sekunden lang an den
Gefühls- und Begriffsapparat dieses anderen Wesens –
und ich werde wissen, wonach Naturhistoriker all die
Jahre gesucht haben.«[1] Das ist, wie Gould etwas be-
trübt einräumen muss, unmöglich. Uns bleibt nichts
anderes übrig, als indirekter zu Werke zu gehen, diese Geschöpfe von außen zu studieren und uns immer

wieder die Frage zu stellen, wie es wohl ist, sein Dasein beispielsweise als Adler, Schwertwal oder Kopffüßer zu fristen.

Dieses Buch handelt in erster Linie nicht von Tieren, sondern von Menschen. Auch wir Menschen sind Tiere, allerdings Tiere mit einer Reihe von Eigenschaften, die kein anderes Tier aufweist. Das Buch handelt von den Möglichkeiten, die wir Menschen haben, um Tiere zu verstehen, die ihrerseits keine Menschen sind. Es verteidigt den Blick des Amateurs auf das Tier, und ich will zeigen, dass das Verhältnis des Amateurs zum Tier ebenso gültig und sachkundig ist wie der Blick des Wissenschaftlers. Der Amateur kann durchaus viel von wissenschaftlichen Erkenntnissen lernen. Für denjenigen, der ein Tier verstehen will, ist es zum Beispiel von Vorteil, etwas über die Evolutionsgeschichte des Tieres zu wissen. Das liefert Erklärungen, die das Verständnis erleichtern. Aus diesem Grund beinhaltet dieses Buch viel wissenschaftliches Material. Der Amateur ist jemand, ausgehend von der wortwörtlichen Bedeutung des Begriffs, der liebt, und gerade der liebende Blick kann etwas aufdecken, das der distanzierte Blick nicht erfassen kann. Der deutsche Philosoph Martin Heidegger protestiert gegen die Redewendung, dass Liebe blind macht, und behauptet vielmehr, dass Liebe uns dazu bringt, Dinge zu *sehen*, die wir nicht sehen können, wenn wir nicht lieben.[2]

In dem Maße, wie meine Perspektive in diesem Buch mit einer bestimmten philosophischen Richtung verbunden werden kann, betrifft das die Hermeneutik. Mit ›Hermeneutik‹ ist in aller Schlichtheit die philosophische Lehre vom Verständnis unterschiedlicher Phänomene gemeint. Für jene, die diese Tradition kennen, erscheint das womöglich etwas merkwürdig, weil sie Tieren typischerweise das Verständnis abspricht und behauptet, dass Tiere nur erklärt, nicht aber verstanden werden können. Ein Anliegen dieses Buches ist es folglich, die Tiere in die Deutungstheorie einzubeziehen, der sie traditionell verwiesen wurden.

In Studien über das mentale Leben von Tieren sind Schimpansen und andere Primaten überrepräsentiert. Hunde und Katzen tauchen in diesem Zusammenhang weitaus seltener auf, auch wenn es über sie eine umfangreiche Literatur gibt. In diesem Buch geht es viel um Hunde und Katzen, weil es die Tiere sind, die den meisten von uns in ihrem Alltag am nächsten stehen. Aus genetischer und evolutionärer Sicht betrachtet, stehen uns die Schimpansen weitaus näher, allerdings haben die Wenigsten einen Schimpansen zu Hause, worüber sowohl die Schimpansen als auch die Menschen froh sein sollten. Ich verwende in diesem Buch Beobachtungen, die ich bei meinen eigenen Hunden und Katzen gemacht habe, aus dem einfachen Grund, weil man viel über ein Tier lernt, wenn man viele Jahre mit ihm unter einem Dach lebt. Vor allem wird von der Hündin Luna sowie von den Katzen Lasse und Geir die Rede sein. Selbstverständlich wird auch Bezug auf viele andere Tierarten genommen, wobei ich mich dazu entschieden habe, des Pazifischen Riesenkraken ein bisschen mehr Aufmerksamkeit zuteilwerden zu lassen. In einem Buch mit dem Titel *Tiere verstehen* müssen wir auch unser Verständnis auf die Probe stellen. Dabei stellt ein Tier mit einem so hoch entwickelten Bewusstsein wie der Riesenkrake, mit dem wir jedoch weniger gemeinsam haben als mit den meisten anderen Tieren, eine echte Herausforderung dar.

Das Motto des SETI-Programms, das nach intelligentem Leben auf fremden Planeten sucht, ist die Frage: »Sind wir alleine?« Genauer ausgedrückt geht es darum, ob der Mensch im Universum alleine ist, wenn es um intelligentes Leben geht. Die Antwort auf diese Frage ist ein schallendes *Nein!* Ich habe keine Ahnung, ob es auf fremden Planeten intelligentes Leben oder überhaupt Leben gibt, auf unserem Planeten, der Erde, jedoch gibt es Unmengen an intelligentem Leben, auch außerhalb der Art *Homo sapiens*.

Während ich diese Zeilen schreibe, sitze ich im familieneigenen Wochenendhäuschen, in das ich mich für einige Wochen zurückgezogen habe, um ungestört schreiben zu können. Ganz ungestört bin ich indessen nicht, denn ich habe nicht den geringsten Zweifel daran, dass es hier *zwei* bewusste Wesen gibt – oder zwei Subjekte, wenn man so will –, nämlich meine Hündin und mich. Zwischendurch unternehmen wir einige Spaziergänge in die Natur und plaudern ein wenig. Das ist nicht so wie im Film *Cast Away* (dt. Verschollen, 2000), in dem die Hauptfigur, die auf einer einsamen Insel gestrandet ist, einem Volleyball ein Gesicht aufmalt, mit ihm spricht und ihn Wilson nennt. Der Volleyball verfügt eindeutig nicht über ein Bewusstsein. Was meine Hündin Luna angeht, habe ich hingegen nicht den geringsten Zweifel, dass sie eines hat. Dass sie ein Beispiel für *intelligentes Leben* ist, ist offenkundig, allerdings frage ich mich, ob ich diese Variante des intelligenten Lebens *verstehen* kann, die sich sehr stark von meiner eigenen unterscheidet. Kann ich Luna verstehen? Kann ich verstehen, wie es ist, sie zu sein?

Bei diesem Buch handelt es sich um eine *philosophische* Untersuchung unseres Verhältnisses zu Tieren. Anliegen ist es, philosophische Perspektiven aufzugreifen, die der einzelne Leser in seine eigene Reflexion über das Verhältnis zu Tieren einbringen kann. Ludwig Wittgenstein schreibt: »Die Arbeit an der Philosophie ist [...] eigentlich mehr die Arbeit an Einem selbst. An der eignen Auffassung. Daran, wie man die Dinge sieht. (Und was man von ihnen verlangt).«[3] Eine solche Selbstreflexion kann kein anderer für einen übernehmen. Das muss man selbst tun. Viel mehr als klare ›Antworten‹ zu geben, hoffe ich, höchstens dazu beizutragen, dass der Leser ein paar Dinge sieht, die ansonsten übersehen worden wären, und ein paar Gedanken denkt, die ansonsten ungedacht geblieben wären.

Wittgensteins Löwe und Kafkas Affe

»Wenn ein Löwe sprechen könnte, wir könnten ihn nicht verstehen.«[4] Das Diktum des österreichischen Philosophen Ludwig Wittgenstein erscheint erst einmal seltsam. Die meisten von uns denken vermutlich: Würde ein Tier sprechen können, könnten wir verstehen, was es sagt. Dann könnte der Löwe uns erzählen, wie es ist, Löwe zu sein, anstatt, dass wir unsere Schlüsse diesbezüglich aus dem Verhalten des Löwen ziehen müssen. Doch was meint Wittgenstein eigentlich mit dieser Aussage? Welche Art von Sprache hätte dieser Löwe seiner Ansicht nach sprechen sollen? Deutsch? Englisch? ›Löwisch‹? Wenn seine Absicht darin bestand zu sagen, dass der Löwe spricht, er jedoch ›Löwisch‹ spricht, eine Sprache, die wir nicht verstehen, folgt daraus doch ohne weiteres, dass wir ihn nicht verstehen. Wittgenstein scheint darauf aus zu sein, mehr zu sagen, als die triviale Behauptung, dass man Sprachen, die man nicht gelernt hat, nicht versteht.

Vielmehr ist denkbar, dass er auf einen Abgrund zwischen der Welt des Menschen und der des Tieres hinweisen möchte – einen Abgrund, so tief, dass das Verständnis selbst dann nicht möglich wäre, wenn wir annehmen würden, dass das Tier eine Sprache spricht, die aus den gleichen Wörtern und der gleichen Grammatik wie beispielsweise Norwegisch oder Deutsch besteht. Ich bin noch nie einem Tier begegnet, das spricht, wenn damit gemeint ist, wie wir Menschen zu sprechen, aus dem einfachen Grund, weil kein anderes Tier als der Mensch wie ein Mensch spricht. Auf der anderen Seite sprechen alle Tiere, wenn ich versuche sie zu verstehen, da aber spreche selbstverständlich ich zu ihnen. Für uns Menschen ist der Versuch, das Verständnis sprachlich zu artikulieren, unumgänglich. Auch ich spreche zu den Tieren. Nicht, weil ich unter irgendeiner Illusion leide, dass das Tier meine Sätze so versteht, wie Menschen sie verstehen, sondern weil ich so kommuniziere, und es hat den Anschein, als wäre ich in der Lage, mit diesen Sätzen *etwas* zu kommunizieren, wenn auch nur eine etwas undefinierte Gemütslage oder ein primitives Kommando.

Wenn Wittgenstein mit seiner Formulierung den Wunsch hatte, eine prinzipielle Grenze zwischen Mensch und Tier zu ziehen, müssen wir die Frage nach der Grundlage für diese Grenze stellen und danach, wann diese entstand. Was, wenn ich sage: »Hätte ein Neandertaler sprechen können, hätten wir ihn nicht verstanden«? Hier wären die meisten wohl der Meinung, dass ein sprechender Neandertaler ein Wesen wäre, das wir verstanden hätten. Aller Wahrscheinlichkeit nach hätten wir dieses Wesen als

›einen Mensch‹ kategorisiert. Indessen unterschieden sich die Neandertaler sehr von uns modernen Menschen, unter anderem hatten sie größere Gehirne als wir. Ihr Sehvermögen war vermutlich besser, weil ihm größere Anteile des Gehirns gewidmet waren, während ihre soziale Intelligenz, im Vergleich zu unserer, vermutlich nicht so stark ausgeprägt war. Wann wurde der Mensch ein Mensch? Zu welchem Zeitpunkt der Evolutionsgeschichte des Menschen wären wir berechtigt, kategorisch das Urteil zu fällen: »Wenn X sprechen könnte, könnten wir ihn nicht verstehen.«?

Wenn wir uns die geometrischen Zeichen anschauen, die unsere Vorfahren während der letzten Eiszeit gefertigt haben, müssen wir einräumen, dass wir, wenn überhaupt etwas, nicht viel davon verstehen.[5] Eine Sache sind die fantastischen Zeichnungen von Ochsen und anderen Tieren, von denen wir meinen, ein Verständnis zu haben, weil wir erkennen können, was sie darstellen. Allerdings verstehen wir eigentlich nur wenig vom Sinn der Zeichnungen, weil wir so wenig darüber wissen, welche Rolle sie im Leben dieser Menschen spielten. Bei den 32 dokumentierten geometrischen Zeichen wissen wir nicht einmal, was sie darstellen sollen. Wir erleben sie unmittelbar als Ausdruck von Sinn, aber von *welchem* Sinn? Wir wissen wenig über die Menschen, die diese Zeichnungen angefertigt haben, wie sie gekleidet waren, wie sie auf die Jagd gingen, wie sie Musikinstrumente gebrauchten und ihre Toten beerdigten, nichts wissen wir hingegen über das Verhalten in Verbindung mit dem Einsatz der geometrischen Zeichen. Könnten wir eine Reise mit einer Zeitmaschine unternehmen, nehmen wir an, dass wir sie nach und nach verstehen würden, indem wir mit ihnen zusammen sein würden und ihre Lebensweise kennenlernten. Dann könnten wir auch sehen, welche Rolle diese Zeichen in ihrer Kultur gespielt haben.

Wenn Wittgenstein erklären soll, wie Menschen, auch aus ganz unterschiedlichen Kulturen, einander verstehen können, weist er auf eine »gemeinsame menschliche Handlungsweise«[6] hin. Indessen gibt es auch Handlungsweisen, die Menschen und Tieren gemein sind und die eine Form von Kommunikation ermöglichen. Wittgenstein unterstreicht jedoch auch, wie Menschen, gerade aufgrund kultureller Unterschiede, füreinander unbegreiflich sein können und dass es nicht unbedingt helfen würde, wenn sie dieselbe Sprache sprechen würden. Kurz vor der Bemerkung über den Löwen schreibt Wittgenstein nämlich:

> Wir sagen auch von einem Menschen, er sei uns durchsichtig. Aber es ist für diese Betrachtung wichtig, daß ein Mensch für einen andern ein völliges Rätsel sein kann. Das erfährt man, wenn man in ein fremdes Land mit gänzlich fremden Traditionen kommt; und zwar auch dann, wenn man die Sprache des Landes beherrscht. Man *versteht* die Menschen nicht. (Und nicht darum, weil man nicht weiß, was sie zu sich selber sprechen.) Wir können uns nicht in sie finden.[7]

Etwas von diesen Menschen wird man doch verstehen, vor allem die Aktivitäten, die uns gemein sind, jedoch wird es Seiten an ihrer Lebensweise geben, in die einzudringen uns nicht gelingt. Warum sollte das bei Tieren nicht genauso sein? Es gibt eine Reihe von Aktivitäten, die wir mit Löwen teilen, wie essen und entspannen, und wir verstehen diese Aktivitäten. Ebenso verstehen wir einige der Aktivitäten, die wir nicht mit Löwen teilen. Ich habe mich noch nie an eine Gazelle herangeschlichen, um sie zu reißen, jedoch fällt es mir nicht sonderlich schwer, diese Aktivität zu verstehen. Vielleicht sollten wir deshalb eher sagen: »Wenn ein Löwe sprechen könnte, würden wir nicht *alles* verstehen, was er sagt.« Oder: »Wenn ein Löwe sprechen könnte, würden wir nur *etwas* von dem verstehen, was er sagt.« Keine dieser Umformulierungen scheint indessen Wittgensteins Aussage einzufangen.

Ist es am Ende die Sprache, die uns von allen anderen Tieren unterscheidet? Dass eine Sprache zu haben alles verändert, sodass ein Löwe, der genauso wie ein Mensch sprechen könnte, kein Löwenbewusstsein hätte? So gesehen wäre er dann auch kein Löwe mehr. Vielleicht sollen wir vielmehr sagen: Wenn ein Löwe sprechen könnte, würde er sich selbst nicht verstehen. Oder besser gesagt: Wenn ein Löwe sprechen könnte, würde er nicht verstehen, wie es ist, ein gewöhnlicher Löwe zu sein, der nicht sprechen kann.

Das ist bei Rotpeter der Fall, der Hauptfigur in Franz Kafkas Erzählung »Ein Bericht für eine Akademie« (1919).[8] Rotpeter ist ein Affe mit der Fähigkeit, die Sprache der Menschen zu sprechen, weshalb eine deutsche Akademie ihn bittet, von seinem Leben zu erzählen. Die Akademiker sind nicht zuletzt darauf gespannt, von Rotpeter zu erfahren, wie es ist, Affe im Naturzustand zu sein, vor dem Erwerb der Sprache. Indessen muss Rotpeter bedauern, dass er ihnen einen solchen Bericht nicht liefern kann, weil seine Erinnerung, wie es ist, Affe zu sein, vom Prozess, die Sprache und Manieren der Menschen zu lernen, ausradiert wurde. Er hat schlichtweg vergessen, wie es ist, Affe zu sein. Alles, was er tun kann, ist, den Prozess zu beschreiben von dem Zeitpunkt an, als er eingefangen wurde, bis zu seinem aktuellen Erfolg als Unterhaltungskünstler, der wie ein Durchschnittseuropäer raucht, Rotwein trinkt und spricht.

Vor Kafka hatten mehrere Philosophen darüber spekuliert, inwieweit Affen lernen könnten zu sprechen. Immanuel Kant war der Meinung, dass Menschen die einzigen Wesen seien, die faktisch über die Fähigkeit zur Sprache verfügen, allerdings ließ er die Tür einen Spalt offen, indem er sagte, dass eine »Naturrevolution« stattfinden könne, in deren Folge die Menschen hinsichtlich der Fähigkeit zur Sprache und des Einsatzes des Verstandes nicht mehr alleine wären und auch Schimpansen und Orang-Utans solche Fähigkeiten erhielten.[9] In seinem bekannten Werk aus dem Jahr 1748, *L'homme machine* (Der Mensch als Maschine), behauptet Julien Offray de La Mettrie, dass ein Affe, der trainiert wird, lernen kann, eine Sprache zu sprechen, und dann wäre dieser Affe weder ein »wilder« noch ein minderwertiger Mensch, sondern vielmehr ein allen anderen Menschen ebenbürtiger Mensch.[10] Die Sprache macht den ganzen Unterschied.

Als Rotpeter der Akademie seinen Bericht abstattet, sind fünf Jahre vergangen, seit er beim Wassertrinken aus einem Fluss eingefangen, in einen Käfig gesperrt und nach Deutschland transportiert worden war. Während der langen Überfahrt hatte er ausreichend Zeit gehabt zu spekulieren, und er hatte festgestellt, dass die Menschen an Bord des Schiffes sich frei bewegten, während er in dem unangenehmen Käfig sitzen musste. Da hatte er sich gedacht: Wenn er die Menschen imitieren könnte, dann würde er die gleiche Freiheit erhalten. Durch Nachäffen des Menschen sollte der Affe zum Menschen werden. Es war verblüffend einfach, teilt er mit. Er hatte gesehen, dass sich die Menschen mit Handschlag begrüßten, und ahmte es nach. Anschließend lernte er zu spucken, und auch das war einfach. Rauchen und Alkohol trinken zu lernen, brachte indessen größere Schwierigkeiten mit sich, aber auch das ließ sich arrangieren. Eines Tages trank er eine Flasche Gin auf ex, und da geschah etwas in ihm: Plötzlich kam ihm ein »Hallo!« über die Lippen. In diesem Moment, beim Eindringen in die menschliche Sprache, durchbrach er die Barriere zwischen Mensch und Tier und wurde ein Teil der menschlichen Gemeinschaft. Menschen waren bloß sprechende Affen.

In der seither vergangenen Zeit hatte Rotpeter eine derart große Entwicklung durchlaufen, dass ihm seine eigene ›Affigkeit‹ ebenso fremd war, wie es die ›Affigkeit‹ der Zuhörer für diese war. Indem er zu einem sprechenden Affen wurde, also einem Menschen, hatte er den Kontakt dazu verloren, ein Affe zu sein, der nicht sprechen kann. Ein Affe, der sprechen kann, wäre, kurz gesagt, kein Affe mehr, ebenso wenig, wie ein sprechender Löwe noch ein Löwe wäre. Wo Wittgensteins Löwe nicht von uns verstanden werden kann, versteht sich Kafkas Affe nicht einmal selbst, weil er einer von uns geworden ist. Wie verhält es sich mit den »sprechenden« Affen der Wirklichkeit?

Die Sprache

Die meisten Versuche, Tieren Sprache beizubringen, wurden mit Schimpansen durchgeführt, weil es Grund zu der Annahme gibt, dass sie über die besten Voraussetzungen dafür verfügen. Es gibt Bereiche im Gehirn des Schimpansen, die den Sprachbereichen des menschlichen Gehirns entsprechen, allerdings sind diese sehr klein. Zuerst versuchte man, den Schimpansen gesprochene Sprache beizubringen, was jedoch nicht funktioniert hat, weil Schimpansen der Sprechmechanismus fehlt, wie Menschen ihn haben. Der nächste Schritt bestand darin, sie Zeichensprache zu lehren, und das lief besser. Eine andere Herangehensweise war das Drücken von Tasten mit unterschiedlichen Symbolen.[11] Die bekanntesten ›sprechenden‹ Affen sind: der Schimpanse Washoe, der innerhalb von fünf Jahren 132 Zeichen lernte, der Schimpanse Nim, der in dreieinhalb Jahren 125 Zeichen lernte, und der Gorilla Koko, der in vier Jahren 250 Zeichen lernte. Schimpansen, die Zeichensprache gelernt hatten, wurden dabei beobachtet, wie sie diese auch in der Kommunikation untereinander verwendeten. Auch in Fällen, in denen ihnen nicht klar war, dass Menschen sie dabei beobachteten. Affen beizubringen, Zeichen und Symbole zu verwenden, ist mühsam. Kleinen Menschenkindern gelingt das mit Leichtigkeit. So beeindruckend der Zeichengebrauch von Schimpansen auch ist – ein zweijähriges Kind lernt rund zehn Wörter pro Tag.

Was sagen diese Primaten mit den von ihnen verwendeten Zeichen? Bisher hat keiner der Zeichen gebrauchenden Affen nennenswert davon berichten können, wie es ist, Affe zu sein. Im Wesentlichen bitten sie um Futter und Trinken, geläufig sind auch Anfragen nach Spielen und Streicheleinheiten. Washoe, Koko und die anderen Primaten schafften es, eine verhältnismäßig große Menge an Zeichen zu lernen und mithilfe dieser zu kommunizieren, jedoch lernten sie keine Grammatik. Auch viele andere Arten, wie Hunde, Ratten und Tauben, haben gelernt, ein Zeichen – wie ein Licht oder eine Bewegung – mit einer Handlung zu verbinden, und es ist im Grunde nicht erwiesen, ob sich die Affensprache von Washoe und Koko qualitativ von derart assoziativem Lernen unterscheidet. Schaut man sich an, was die ›sprechenden‹ Affen sagen, ist das im Großen und Ganzen »Futter bekommen«, »Apfelsine bekommen« oder »Banane bekommen«. Die längste zusammenhängende Aussage von Nim lautete: »Gib Apfelsine mir gib Futter Apfelsine mir Futter Apfelsine gib mir Futter Apfelsine gib mir du.«[12] Ein menschlicher Dreijähriger ist hingegen in der Lage, Substantive, Verben, Präpositionen und einiges mehr in grammatikalisch erlernter Weise für deutlich komplexere Aussagen zu kombinieren. Menschenkinder können auch über andere Dinge sprechen als jene, die sich im Hier und Jetzt direkt vor ihnen befinden. Man kann sich fragen, was es beinhaltet, dass Affen Zeichen verwenden können – denn das können sie –, um Sachen zu erbitten. Einen Knopf zu drücken oder an einem Hebel zu ziehen, um eine Banane zu bekommen, erscheint möglicherweise als ein recht kleiner Unterschied. Es ist kurz gesagt sehr weit entfernt von dem, was wir normalerweise als einen kompetenten Sprachverwender bezeichnen.

Mehrere Forscher behaupten, dass ihre Tiere erheblich anspruchsvollere Äußerungen gemacht haben, mit reichhaltigen Beschreibungen von Leben und Tod, Witzen und so weiter. Überprüfen jedoch andere Forscher das Material, zeigt sich häufig, dass ein recht großer Abstand zwischen dem besteht, was die Tiere im ganz wortwörtlichen Sinne mit den Zeichen gesagt haben, und den Auslegungen, die ihr Instrukteur vorgenommen hat. Hier kommt es offenbar zu einiger Überinterpretation. Die unabhängigen Forscher fanden einen weitaus geringeren Anteil sinnvoller Zeichen und Zeichenkombinationen. Man kann sagen, das sei dem Umstand geschuldet, dass die unabhängigen Forscher die Tiere nicht so gut kennen und folglich auch nicht über so gute Voraussetzungen verfügen, sie zu interpretieren. Selbstverständlich müssen die von den Tieren verwendeten

Zeichen interpretiert werden, je weiter man sich jedoch von einer wortwörtlichen Wiedergabe dessen, was sie mit den Zeichen faktisch kommuniziert haben, entfernen muss, um zu einer zusammenhängenden Botschaft zu gelangen, desto wahrscheinlicher ist es, dass es sich bei dieser Botschaft viel mehr um eine Konstruktion des Interpreten handelt, als um etwas, das vom Nutzer der Zeichen beabsichtigt war. Ein häufig erwähntes Beispiel ist ein Tag, an dem sich der Gorilla Koko als wenig kooperativ erwies und gebeten wurde, das Zeichen für Trinken zu zeigen. Nach viel Hin und Her zeigte das Tier auf sein Ohr und nicht auf den Mund. Kokos Trainer legte das als einen Witz von Kokos Seite aus, während Skeptiker eher zu der Ansicht neigten, dass Koko schlicht und einfach einen Fehler gemacht hatte. Generell kann man sagen: Je mehr es erforderlich ist, derart wohlwollende Auslegungen vorzunehmen, desto weniger überzeugend ist es, diesen Tieren ein nennenswertes Sprachverständnis zuzuschreiben.

Auf der anderen Seite zeigen mehrere von ihnen ein recht gutes Verständnis von dem, was ihnen gegenüber verbal geäußert wird. Kritiker reagieren aber auch auf solche Ergebnisse mit Einwänden, da es ihrer Ansicht nach problematisch ist, dass diese verbalen Bescheide von den Trainern gegeben werden, die tagtäglich mit den Tieren interagieren. Dabei würden die körperlichen Hinweise und nicht ein Sprachverständnis zu dem gewünschten Verhalten führen. Bei den erwähnten Hinweisen muss es sich keineswegs um etwas handeln, dessen sich die Forscher selbst bewusst sind. Tatsächlich ist es ungeheuer schwer, solche Experimente durchzuführen, ohne dass genau die Forscher anwesend sind, die die Tiere kennen.

Es gibt umfassende Diskussionen darüber, inwieweit Affen eine Sprache haben oder überhaupt eine erwerben können. Das Pendel schwingt derzeit in die Richtung, dass der überwiegende Teil der Forscher der Ansicht ist, Affen hätten keine Sprache, zumindest nicht das, was Linguisten für gewöhnlich als Sprache bezeichnen. Man hat einzelnen Tieren unterschiedliche Zeichen beigebracht, wenn auch deutlich weniger als die, die ein menschlicher Dreijähriger beherrscht. Die Kommunikation von Affen ist faszinierend, aber höchst begrenzt. Selbst die »top trainierten« Primaten, die eine beachtliche Anzahl von Zeichen und Symbolen gelernt haben, sind nicht in der Lage, Grammatik zu lernen. Kein Schimpanse wird jemals einen Roman schreiben. Denkbar ist immerhin, dass ein Nachkomme des Schimpansen dies möglicherweise tun könnte, jedoch wird sich ein solches Wesen so stark weiterentwickelt haben, dass es kein Schimpanse mehr ist.

Die Antwort auf die Frage, inwieweit Tiere eine Sprache haben, ist abhängig davon, welche Anforderung man stellt, um etwas als eine Sprache zu bezeichnen. Mit einem äußerst weit gefassten Sprachbegriff, wobei ›Sprache‹ mehr oder weniger synonym mit ›Kommunikation‹ gebraucht wird, ist es einleuchtend, dass eine große Menge von Tieren eine Sprache hat, weil sie offensichtlich kommunizieren. Zum Beispiel erhielt der österreichische Ethologe Karl von Frisch 1973 den Nobelpreis für Physiologie oder Medizin für seinen Nachweis, dass Bienen mittels Tanz kommunizieren und dass in einem solchen Tanz sogar zwischen verschiedenen »Dialekten« unterschieden werden kann. Hat man hingegen ein enger gefasstes Verständnis von Sprache, wobei X eine Sprache ist, wenn sie, und nur dann, sogenannte rekursive Strukturen enthält, ist es wahrscheinlicher, dass Tiere keine Sprache haben. Mit Rekursion ist gemeint, dass eine Phrase eine andere Phrase des gleichen Typs beinhalten kann, wie: »Ich weiß, dass du glaubst, dass dein Hund versteht, was du denkst.« In einem einflussreichen Artikel haben der Linguist Noam Chomsky sowie die Biologen Marc Hauser und Tecumseh Fitch behauptet, dass sich solch rekursive Strukturen nur in der menschlichen Kommunikation finden.[13] Kritiker haben versucht, solche Strukturen bei anderen Tierarten nachzuweisen, unter anderem im Vogelgesang, jedoch spricht wenig dafür, dass irgendein anderes Tier über ein Kommunikationssystem mit solchen Strukturen verfügt. Wenn wir voraussetzen, dass etwas über eine solche Struktur verfügen muss, um als Sprache bezeichnet zu werden, sind wir Menschen allem Anschein nach zu urteilen die einzigen Tiere mit einer Sprache. Ich selbst glaube nicht, dass es möglich ist, präzise, erforderliche und hinreichende Bedingungen anzuführen, dass »X Sprache ist«, passe mich jedoch einer etwas strengeren Linie im Verständnis dessen an, was Sprache ist.

Aber ist es eigentlich so wichtig, inwieweit wir die Kommunikation von Tieren als ›Sprache‹ bezeichnen können oder nicht? Dass sie kommunizieren, entspricht unbestreitbar der Wahrheit. Andere Arten sind offensichtlich in der Lage, Gefühle und Intentionen sowohl einander als auch uns gegenüber zu kommunizieren. Tiere kommunizieren sowohl mit Artverwandten als auch mit fremden Arten. Eine Gazelle, die bemerkt, dass ein Löwe heranschleicht, macht mitunter auffallende Bocksprünge. Das teilt dem Löwen mit, dass er bemerkt wurde und dass er es kaum schaffen wird, die Gazelle zu fangen. Dadurch ersparen sich beide, Unmengen an Energie auf eine Jagd zu vergeuden, die zu nichts führen wird. Meine Hündin kann mir gegenüber kommunizieren, dass sie Hunger hat und Futter haben will, dass sie mal muss und rauswill oder dass sie Angst hat und Schutz bedarf. Nicht zuletzt äußert sie eine große Freude, wenn ein Familienmitglied nach Hause kommt. Da gibt sie einige bestimmte Töne von sich, die vom Tiefen, beinahe Rumpelnden, zum Hohen und Hellen wechseln und die vielleicht als »vovovovov-vooooouuuuuu« beschrieben werden können. Für mich ist es eindeutig, dass Luna, wenn sie diese Töne von sich gibt und ihr Schwanz sich wie ein Drumstick bewegt, als sehr, sehr glücklich beschrieben werden muss. Durch dieses »vovovovovvooooouuuuuu« kommt enorme Freude zum Ausdruck. Gleichzeitig muss eingeräumt werden, dass ihre Kommunikationsfähigkeiten recht begrenzt sind, wenn vermutlich auch reicher als das, was wir in der Lage sind mitzukriegen. Zum Beispiel besitzt sie nicht die Fähigkeit, Symbole zu verwenden. Das heißt: Mit sehr großem Wohlwollen kann ich vielleicht sagen, dass Luna ihren Spielzeugvogel, den sie immer dann heranholt und Piepsgeräusche damit fabriziert, wenn jemand nach Hause kommt, als ein Symbol ihrer Freude gebraucht. Indessen fällt wohl genau das in die Kategorie »den Bogen zu weit zu spannen«.

Kein anderes Tier verfügt über die sprachlichen Fähigkeiten, wie wir sie haben. Ihr Register ist weitaus geringer als das unsere. Man kann einwenden, dass vielleicht auch sie über ein Register verfügen, das wir nicht haben, was an und für sich richtig sein kann, ein wichtiger Unterschied ist jedoch, dass die Kommunikation der Tiere anscheinend sehr streng an das gebunden ist, was sich gegenwärtig in ihrem Umfeld befindet, während wir auch über die Fähigkeit verfügen, über Vergangenes und Zukünftiges zu kommunizieren. Ich kann zum Beispiel über Geschehnisse aus meiner Kindheit oder den Urlaub des vergangenen Jahres sprechen sowie über Ereignisse, die in der Zukunft liegen, wie, dass ich im Spätsommer nach Peking reisen werde. Der kommunikative Raum von Tieren hingegen besteht im Wesentlichen aus dem Hier und Jetzt.

Tiere sind expressiv, unterscheiden sich jedoch in ihrer Expressivität. So ist zum Beispiel die Mimik von Katzen, im Vergleich zu der von Hunden, weniger ausgeprägt, allerdings kommunizieren sie mit Lauten, Düften und dem Rest des Körpers. Solche Ausdrücke der Tiere drängen sich uns in einer vollkommen anderen Weise auf, als es bei anderen Naturobjekten der Fall ist und erfordern von uns eine Reaktion. Mit anderen Menschen teilen wir ein so großes expressives Repertoire, selbst dann, wenn wir die Sprache nicht teilen oder die Sprache komplett fehlt. Als mein Vater mehrere Wochen lang auf ein Beatmungsgerät angewiesen war, nicht sprechen konnte und auch nicht in der Lage war zu schreiben, habe ich ihn die meiste Zeit über verstanden, ob er durstig war, Schmerzen hatte oder ob die Kompressionsstrümpfe, die eine Thrombose verhindern sollten, zu straff saßen. Mit vielen Tieren teilen wir ein beachtliches Repertoire. Wir beobachten allerdings nicht zuerst das Verhalten des Tieres, um anschließend ein Deutungsschema hinsichtlich der Bedeutung eines solchen Verhaltens zurate zu ziehen und anhand dessen schließlich über den Gemütszustand des Tieres zu entscheiden. Wir können zwar den Verständnisprozess schon irgendwie in diese drei Stadien einteilen, jedoch ist unser Erleben dessen, was wir tun, wenn wir das Verhalten des Tieres verstehen, nicht in einer solchen Weise aufgeteilt. Das Verständnis des Gemütszustandes des Tieres unterliegt einer anderen Unmittelbarkeit, vor allem, wenn es um Tiere geht, die wir gut kennen.

Selbstverständlich kommt es vor, dass wir hinsichtlich des Gemütszustandes sowohl des Tieres als auch des Menschen falschliegen. Dass das Verständnis unmittelbar ist, ist nicht gleichbedeutend damit, dass es unfehlbar ist. Jedes Verständnis beherbergt die Möglichkeit für Missverständnisse. Die Missverständnisse werden weniger, je mehr wir mit dem zusammen sind, den wir zu verstehen wünschen; das gilt sowohl für Tiere als auch für Menschen. Mit Tieren, mit denen wir kein großes expressives Repertoire teilen, wird es schnell schwierig. Das Farbspiel des Pazifischen Riesenkraken ist eine Explosion wechselnder Zeichen, im überwiegenden Teil davon können wir Menschen jedoch keinerlei Sinn erkennen. Es kann sein, dass es einen Sinn gibt, den zu erfassen wir nicht in der Lage sind, es kann aber auch sein, dass es keinen Sinn zu verstehen gibt, dass es sich lediglich um ein (für uns faszinierendes) Farbspiel handelt. Dennoch müssen wir sagen, dass in dem Grad, in dem wir ein Verhalten als expressiv erkennen, wir im Prinzip auch den Gemütszustand erkennen können, den das Verhalten ausdrückt. Dass etwas im Prinzip verständlich ist, bedeutet indessen nicht, dass wir tatsächlich in der Lage sind, es zu verstehen.

Viele Philosophen haben das Verhältnis zwischen Sprache und Denken als so eng begriffen, dass die Fähigkeit zur Sprache als eine notwendige und hinreichende Bedingung der Fähigkeit zum Denken betrachtet wurde. Umgekehrt wurde das Fehlen der Sprachfähigkeit als hinreichende Bedingung für das Fehlen der Denkfähigkeit betrachtet. Das ist wohl ein wichtiger Grund dafür, dass einzelne Philosophen eher bereit sind, Computer als denkend einzustufen anstatt Tiere, da Computer über eine Art Sprache verfügen. Eine solche Überlegung ist meiner Meinung nach absurd, weil so viele Tiere Bewusstsein – und Denkfähigkeit – demonstrieren, während es meiner Ansicht nach trotz gegenteiliger Behauptungen noch immer zweifelhaft ist, ob irgendein Computer dies irgendwann tun wird. Wenn es stimmt, dass man nur dann denken kann, wenn man über eine natürliche Sprache verfügt, folgt daraus, dass Wesen ohne eine solche Sprache nicht denken können. Indessen ist es plausibler zu behaupten, dass eine Reihe von Tieren – ebenso wie Säuglinge, was das betrifft – klare Anzeichen von Denken zeigen, und dass deshalb die These über Sprache als Möglichkeitsbedingung für das Denken zweifelhaft ist. Dass Sprache eine Möglichkeitsbedingung für viele Formen des Denkens ist, ist eine Sache, dass sie jedoch eine Möglichkeitsbedingung für jede Form des Denkens ist, ist etwas anderes.

Manche Philosophen neigen dazu, die Bedeutung der Sprache zu überschätzen. Allem, was wir wissen, nach zu urteilen, kann in Organismen, die nicht über Sprache in der üblichen Bedeutung des Wortes verfügen, eine ziemlich fortschrittliche Denktätigkeit stattfinden. Man denke nur an eine Gruppe Schimpansen, die über ein komplexes soziales System mit Hierarchien und Allianzen verfügt, und worin der einzelne Schimpanse sich mit Sorgfalt bewegen muss, je nachdem, welchen Platz er oder sie in dem sozialen System innehat. Es ist widersinnig zu behaupten, dass das Verhalten des einzelnen Schimpansen, der sich in diesem System orientiert, nicht zumindest teilweise mit Denktätigkeit zu erklären ist. Die Sprache ist ein Medium für das Denken, und sie ist ein exzeptionell starkes Medium, aber wie erwähnt kaum das einzige Medium. Der Mensch verfügt über sprachliche und symbolische Ressourcen, in deren Besitz andere Tiere nicht sind. Die Fähigkeit, Symbole zu erschaffen, gibt uns eine gewisse Selbstständigkeit in unserem Verhältnis zur Welt, indem wir Gegenstände durch Symbole für dieselben Gegenstände ersetzen können.[14] Unsere Vorstellungen haben einen viel größeren potenziellen Umfang, als es bei irgendeinem anderen Tier der Fall ist, gerade weil wir ein *animal symbolicum* sind. Das verleiht auch unseren Gefühlen einen anderen Spielraum. Ein Mensch kann sich in einen Menschen, dem er nie begegnet ist, der sich vielleicht sogar auf einem anderen Kontinent befindet, verlieben oder ihm gegenüber tiefe Furcht empfinden.

Mehrere Tiere können in einer referenziellen Weise kommunizieren, wobei sie Zeichen – besonders Geräusche – verwenden, um auf bestimmte Objekte zu verweisen, die von anderen getrennt sind. Sie können mit anderen Worten zwischen verschiedenen Objekten unterscheiden und dies anderen kommunizieren. Sie können nicht nur ein Signal für ›Gefahr‹ verwenden, sondern auch signalisieren, um was für eine *Art* von Gefahr es sich handelt, ob es ein Vogel, eine Schlange oder eine Raubkatze ist. Einige Tiere verfügen für jede dieser tierischen Gefahren über distinkte Signale, während andere eine Kombination von Signalen gebrauchen. Und wir können, zumindest ein Stück weit, verstehen, was sie sagen.

Ludwig Wittgenstein postulierte unter Zuhilfenahme eines Zitats aus Goethes *Faust*: »Die Sprache – will ich sagen – ist eine Verfeinerung, ›im Anfang war die Tat‹.«[15] Die Sprache ist also eine Verfeinerung. In Handlungen finden wir eine Regularität, und ohne eine solche Regularität würde Verständnis niemals stattfinden können. Er beschreibt diese Regularität als »gemeinsame menschliche Handlungsweise«.[16] Wir müssen die komplette Vielfalt menschlicher Handlungen in die Betrachtung einbeziehen.[17] Es gibt indessen nicht nur gemeinsame menschliche Handlungsweisen, sondern auch Handlungssätze, die wir mit anderen Tieren gemein haben. Mit einem solchen Fundament können wir die Tiere verstehen, auch dann, wenn sie keine Sprache haben.

Das Bewusstsein des Tieres erkennen

»Der menschliche Körper ist das beste Bild der menschlichen Seele.«[18] Diese Behauptung Wittgensteins über das Verhältnis zwischen der Seele und dem Körper des Menschen kann erweitert werden, damit es auch Tiere einschließt: »Wenn man das Benehmen des Lebewesens sieht, sieht man seine Seele.«[19] Mit »Seele« ist hier nichts Übernatürliches gemeint. Eine »Seele« zu sehen, bedeutet zu sehen, dass es ein *Jemand* ist, den man ansieht, jemand mit einem Bewusstsein oder einer Subjektivität, und nicht nur ein bloßes Ding. Unserer Auffassung von dem Anderen und davon, dass er eine Seele hat oder bewusst ist, wohnt eine Unmittelbarkeit inne. Dasselbe trifft auf Tiere zu. Das kann zum Beispiel mit der Betrachtung einer Person, die auf dem Eis ausgerutscht und mit dem Arm in einer ungeschickten Stellung mit einem Knall auf dem Boden gelandet ist, beleuchtet werden. Würden wir beim Betrachten dieser Person nicht denken: Eine Person, die sich so verrenkt und derart schreit, würde sich normalerweise in einem Zustand des Schmerzes befinden, also gibt es guten Grund zu der Annahme, dass diese Person, die ich gerade betrachte, Schmerz empfindet. Wir ziehen keinerlei Schlussfolgerung, sondern *sehen* vielmehr den Schmerz im Verhalten der Person. Weitaus weniger denken wir: Ich kann nicht wissen, ob die Person Schmerzen hat, weil ihre Gefühle etwas sind, was sich nur in ihrem Inneren befindet, jenseits von dem, was ich sehe.[20] Diese Seele zu sehen, über die Wittgenstein schreibt, bedeutet nicht, durch eine Art Schale hindurchschauen zu können – vielmehr ist es ganz einfach so, dass das *Sehen* dieses Körpers mit seinem Verhalten, bedeutet, eine Seele zu sehen. Das setzt indessen voraus, dass das, was wir sehen, eine hinreichende Ähnlichkeit mit uns selbst hat. Lediglich in dem Grad, in dem ein Tier ein Verhalten aufweist, das an menschliches Verhalten erinnert, haben wir eine Grundlage, um zum Beispiel zu sagen, dass es Schmerzen hat.

Sie können nicht *wissen*, ob Ihr Hund ein Bewusstsein hat und ob er denkt, jedoch haben Sie mehr Grund, dies anzunehmen, als dass das Gegenteil der Fall ist. Viele Tiere *zeigen* so deutlich, dass sie ein Bewusstsein haben, dass es vernünftigerweise keinen Raum für *berechtigte* Zweifel daran gibt. Das gilt jedenfalls für alle Säugetiere. Indessen ist die Tierwelt vielfältig, und es gibt Tiere, bei denen berechtigte Zweifel bestehen, wie bei Krebstieren, und Tiere, bei denen es wenig Zweifel daran gibt, dass sie kein Bewusstsein haben, wie Austern. Begrenzen wir uns jetzt auf die Säugetiere, können wir sagen, dass eine Person, die das Bewusstsein des Tieres sowie den Umstand, dass es Gefühle und Absichten hat, nicht *sieht*, an dem leidet, was Wittgenstein als »Aspektblindheit« bezeichnet. Er vergleicht Aspektblindheit mit dem Fehlen von musikalischem Gehör.[21] Eine Person ohne musikalisches Gehör empfängt dieselben Töne wie eine Person mit Gehör, *hört* aber trotzdem nicht dieselbe Musik, und eine aspektblinde Person empfängt dieselben Sinneseindrücke, *sieht* aber trotzdem nicht dasselbe wie eine Person, die Aspekte sehen kann. Es handelt sich um eine Meinungsdimension, die der Aspektblinde nicht mitbekommt.

Angenommen, Ihr Hund steht vor der Wohnungstür, kratzt mit der Pfote an der Tür und winselt. In einer solchen Situation können wir irgendwie darauf bestehen, nicht zu *wissen*, was der Hund will oder ob er überhaupt ein Bewusstsein hat und überhaupt etwas wollen kann. Eine solche Skepsis können wir jedenfalls haben, wenn wir am Schreibtisch sitzen; ich möchte jedoch unbedingt empfehlen, sich vom Schreibtisch zu erheben und eine Runde mit dem Hund nach draußen zu gehen, wenn Sie ihm Unbehagen ersparen wollen. Im Hinblick auf alle praktischen Aspekte ist es einleuchtend, dass der Hund mal muss und rauswill, da er gelernt hat, sein Geschäft draußen zu verrichten und nicht drinnen. Wenn sie nach der Tour mit dem Hund, der wie trainiert eine tüchtige Pfütze fabriziert hat, sobald er aus der Haustür heraus war, an den Schreibtisch zurückkehren, wirken derart skeptische Spekulationen albern.

David Hume (1711–1776) beschreibt das Gefühl, beständig tiefer in solche Spekulationen hineingezogen zu werden, bei denen wir nicht mehr wissen, wo oben und wo unten ist, und wie wir aus irgendeinem Grund gern aus ihnen herausgerissen werden, um dann etwas anderes zu tun: »Ich esse, spiele Tricktrack, unterhalte mich, bin lustig mit meinen Freunden. Wenn ich mich so drei oder vier Stunden vergnügt habe und dann zu jenen Spekulationen zurückkehre, so erscheinen sie mir so kalt, überspannt und lächerlich, daß ich mir kein Herz fassen kann, mich weiter in sie einzulassen.«[22]

Die Ausdrücke der Tiere sind ebenso wie die Ausdrücke des Menschen von Anfang an vorhanden. Sie sind da als ein Teil dessen, in dem wir aufwachsen, eine Sprache erwerben und uns selbst kennenlernen. Es ist nicht so, dass man sich zuerst selbst kennenlernt und anschließend auf dieser Grundlage folgert, dass auch andere Menschen ein Bewusstsein haben. Das Bewusstsein über das Bewusstsein anderer ist mindestens ebenso ursprünglich wie das Bewusstsein über das eigene Bewusstsein. Das gilt auch für das Bewusstsein über das Bewusstsein der Tiere. Die Absichten von Tieren sind häufig recht unmittelbar verständlich. Wie Wittgenstein schreibt: »Was ist der natürliche Ausdruck einer Absicht? – Sieh eine Katze an, wenn sie sich an einen Vogel heranschleicht; oder ein Tier, wenn es entfliehen will.«[23] Im Umgang mit ihnen, lernen wir, die Absichten der Tiere zu verstehen. Die Anschuldigung, etwas Suspektes zu tun, wenn wir Tieren Absichten zuschreiben, kommt jemandem, der mit einem Tier zusammen aufgewachsen ist, etwas komisch vor. Der Grund dafür ist, dass die Kritik vorauszusetzen scheint, dass wir erst im Umgang mit Menschen lernen, Absichten anderer zu verstehen, und dann etwas Zweifelhaftes tun, indem wir das erweitern und auch Tiere einbeziehen. Wer sowohl mit Menschen als auch mit Tieren zusammen aufgewachsen ist, wird hingegen in den meisten Fällen im Umgang mit beiden die Absichten anderer – sowohl von Tieren als auch von Menschen – zu verstehen gelernt haben.

Ich weiß, dass eine Person heiter ist, wenn sie lächelt oder herzlich lacht, weil ich durch den Hinweis auf solche Kriterien gelernt habe, was »heiter« bedeutet. Entsprechend weiß ich, dass eine Person traurig ist, wenn sie schluchzt, weil ich so gelernt habe, was »traurig« bedeutet. Das nimmt hier kein Ende. Ganz im Gegenteil *sehe* ich, dass eine Person traurig ist, wenn sie schluchzt. Komplexere Zustände wie Trauer oder Einsamkeit, die bloße Traurigkeit übersteigen, haben komplexere Kriterien. Ungeachtet dessen erfordert das Verständnis innerer Prozesse immer äußere Kriterien.[24] Der Punkt ist nicht, dass Schmerz identisch ist mit Schmerzverhalten oder dass Trauer dasselbe ist wie Trauerverhalten, sondern vielmehr, dass wir Ausdrücke, die mentale Zustände bezeichnen, allein dadurch beschreiben können, dass wir auf äußere, observierbare Zeichen verweisen. Wir *sehen* Gefühle. Es ist nicht so, dass wir Kontraktionen des Gesichts sehen und daraus schließen, ob eine Person Freude oder Trauer empfindet.[25]

Eine sich nun heranschleichende skeptische Stimme könnte nun äußern: *Sie wissen doch nicht, ob die Person wirklich traurig ist. Vielleicht tut sie nur so. Oder vielleicht handelt es sich nur um einen Roboter. Hingegen wissen Sie ausgezeichnet, ob Sie selbst Schmerzen haben.*[26] Das können Sie immerhin *sagen*, ich bezweifle jedoch, dass Sie mit einer solchen Skepsis *leben* können. Ist das eine Sorte Zweifel, die zu artikulieren Ihnen natürlich erscheinen würde, wenn Sie besagte Person sehen, die auf dem Eis ausgerutscht ist und deren Arm verdreht ist? Wohl kaum. Gefühle sind nicht nur verborgene, rein mentale Größen, sondern auch Verhalten, Handlungen und Ausdrücke, die sichtbar sind. Sie existieren in Gesichtern und Gesten, sie sind nicht dahinter verborgen.

Der französische Phänomenologe Maurice Merleau-Ponty hebt die enge Verbindung zwischen einem Gefühl und dessen körperlichem Ausdruck hervor. Das Gefühl liegt nicht »hinter« der Geste, sondern ist in dieser enthalten:

> Um etwa eine zornige oder drohende Gebärde zu verstehen, muß ich mir nicht erst die Gefühle in die Erinnerung rufen, die ich selbst einmal hatte, als ich dieselben Gebärden machte. [...] [Ü]brigens fasse ich Zorn und Drohung

nicht als hinter den Gesten verborgene physische Fakten, ich sehe vielmehr den Zorn der Gebärde an: sie läßt nicht lediglich *denken* an Zorn, sie *ist* der Zorn.[27]

Das bedeutet selbstverständlich nicht, dass wir außerstande sind, ein Gefühl zu verbergen, oder dass ein verborgenes Gefühl nicht »wirklich« ist. Das verborgene Gefühl setzt jedoch das explizite voraus.

Sowohl ›im‹ Menschen als auch ›im‹ Tier geht etwas vor sich, dieses Innere ist normalerweise jedoch nicht verborgen – ganz im Gegenteil, es ist äußerst sichtbar. In der Regel kann ich *sehen*, ob Sie heiter oder traurig sind. Das ›Innere‹ kann auch verborgen werden, zum Beispiel, wenn wir alles in unserer Macht Stehende tun, um die Maske aufrechtzuerhalten, anstatt auszudrücken, wie traurig uns etwas gemacht hat. In diesem Fall ist es jedoch nicht verborgen, weil es etwas Inneres ist, sondern vielmehr, weil wir absichtlich ein anderes Gesicht aufgesetzt haben als jenes, das für den inneren Zustand normal wäre. Der Ausdruck kann betrügen, aus guten oder schlechten Gründen.

Der Punkt ist, dass die gleichen Überlegungen, die wir hinsichtlich der mentalen Zustände von Menschen angestellt haben, auch hinsichtlich der Tiere gemacht werden können. Indessen werden die Kriterien immer unsicherer, je mehr wir uns von der Situation entfernen, in der wir sie kennengelernt haben. Bei Tieren, deren Lebensform sich sehr stark von der unseren unterscheidet, wird es erheblich schwieriger sein zu entscheiden, was das Kriterium für Freude oder Traurigkeit ist. Dasselbe kann sich indessen geltend machen, wenn wir Menschen aus fremden Kulturen betrachten. Merleau-Ponty betrachtet sowohl die Gefühle und Ausdrücke als auch die Beziehungen zwischen ihnen als flexibel. Er weist darauf hin, dass der Ausdruck unterschiedlicher Gefühle von Kultur zu Kultur variiert, was auch eine Variation im jeweiligen Gefühl selbst impliziert.[28] Seiner Ansicht nach ist es unmöglich, bei Menschen zwischen einem natürlichen und einem kulturellen Niveau der Gefühle und ihrer Ausdrücke zu unterscheiden – sie gleiten nahtlos ineinander über.

Um zu verstehen, benötigt man auch Kontext. Wenn Sie ein kleines Kind weinen sehen, können Sie sich fragen, ob es weint, weil ihm etwas wehtut oder weil es Angst hat. Ohne Kenntnis des Kontextes, in dem das Weinen auftritt, ist eine Beantwortung dieser Frage unmöglich. Das Gleiche trifft auf das Verhalten von Tieren zu – auch da müssen Sie den Kontext kennen, um verstehen zu können. Wie Wittgenstein betont: »Wer sich unter den und den Umständen so und so benimmt, vom dem sagen wir, er sei traurig.« Und er fügt hinzu: »Auch vom Hunde.«[29] Wittgenstein unterstreicht, dass viele unserer mentalen Begriffe auch auf Tiere anwendbar sind.[30] Aufgrund der Ähnlichkeit zu menschlichem Verhalten sagen wir, dass Tiere heiter, wütend, ängstlich, traurig, überrascht oder zögernd sein können, dass sie etwas bemerken, untersuchen oder glauben können. Über bestimmte Tiere werden wir sagen, dass sie überlegen oder sich umentscheiden. Es ist eigenartig, dass Katzen fast immer auf der Schwelle der Haustür innehalten, so als müssten sie gründlich abwägen: »Soll ich wirklich rausgehen oder drinbleiben?« Ein Hund läuft in der Regel direkt nach draußen, ohne zu verweilen. Eventuell läuft er wieder rein, an der Schwelle an sich hält er jedoch nicht inne. Es erscheint mir nicht als Anmaßung, hier Begriffe wie »überlegen« oder »es sich anders überlegen« zu verwenden. All diese Begriffe stammen aus dem psychologischen Repertoire des Menschen, und es ist vollkommen legitim, sie zur Beschreibung von Tieren zu verwenden. In einigen Fällen wird unklar sein, welche Begriffe passend sind und welche nicht, weil sie so stark an menschliche Eigenschaften gebunden sind, bei denen nicht recht klar ist, ob sie bei Tieren zu finden sind. Einsamkeit und Langeweile sind zwei Beispiele dafür. Gleichzeitig ist es, wie auch Wittgenstein betont, nicht so seltsam, dass einige unserer mentalen Begriffe nur auf Wesen anwendbar sind, die eine Sprache beherrschen.[31] Zum Beispiel kann ich meine Hündin nicht als »ehrlich« beschreiben, aus dem einfachen Grund, weil sie nicht unehrlich sein kann. Die Begriffe Ehrlichkeit und Unehrlichkeit finden auf ihr Leben keine Anwendung. Unabhängig davon ist die Verwendung von Sprache nur eine Art von Verhalten unter anderen.

Wenn ich sage, dass Luna glaubt, meine Tochter Iben sei im Badezimmer, hinter einer verschlossenen Tür, meine ich damit nicht, dass der Hund in irgendeiner inneren Sprache den Satz »Iben ist im Badezimmer« formuliert hat, sondern lediglich, dass sie sich in einer Weise benimmt, die der ähnelt, wie ein Mensch mit entsprechender Auffassung handeln könnte oder würde. Wenn ich ihr die Auffassung zuschreibe, dass Iben im Bad ist, erfolgt das nicht, weil ich ein Gedankenleser mit privilegiertem Zugang zu Lunas Bewusstseinsleben bin, sondern schlicht, weil sie sich so aufführt, als würde sie glauben, dass Ibsen im Badezimmer ist. Je mehr wir über das Tier wissen, von artbezogenen Aspekten hinsichtlich Verhalten, Neurologie und Sinnesapparat, bis hin zu individuellen Aspekten des einzelnen Tieres, desto zuverlässiger werden solche Zuschreibungen von Auffassungen sein.

Wenn wir die Vorstellung vom Bewusstsein als etwas Verborgenes aufgeben, als etwas, das nur durch eine Sprache aufgedeckt werden kann, die in der Lage ist, die Barriere zu durchdringen, die das Innere vom Äußeren trennt, und stattdessen einsehen, dass sich das Innere im Äußeren *zeigt*, gibt es keine prinzipiellen Schwierigkeiten, Tieren unterschiedliche Bewusstseinszustände zuzuschreiben. Das bedeutet nicht, dass es in der Praxis keine Deutungsprobleme gibt, weil wir nicht immer wissen, wie wir ein Verhalten verstehen sollen, das Problem ist jedoch nicht, dass das Innere »verborgen« ist.

Nehmen wir die eigenen Erfahrungen zum Ausgangspunkt, um zu verstehen, was im Bewusstsein eines anderen Tieres vor sich geht, müssen wir voraussetzen, dass es eine einigermaßen systematische Verbindung zwischen dem Verhalten und dem Bewusstsein gibt, was sich bei beiden Arten spiegelt. Zudem können wir das Wissen über das Verhältnis zwischen Neurologie und Bewusstsein in Anspruch nehmen, wobei die neurologische Spur meiner Meinung nach weniger aufschlussreich ist als die verhaltensmäßige.

In dem Buch *What it's like to be a dog* behauptet der amerikanische Psychologe Gregory Berns, das Problem gelöst zu haben, zu wissen, wie es ist, ein Hund zu sein.[32] Es gelte lediglich, den Hund dahingehend zu trainieren, in einem MRT-Gerät still zu liegen, um so Auskunft zu erhalten, welche Bereiche des Gehirns zu welchen Zeiten aktiviert sind. Das Problem einer solchen Perspektive ist, dass Berns glaubt, durch das Studium des Gehirns eine Art direkten Zugang zur Ich-Perspektive des Hundes zu erhalten. Im Verhältnis zum Bewusstsein ist aber auch das Gehirn etwas ›Äußerliches‹. Können wir zum Beispiel die Freude eines Hundes direkter sehen, wenn wir sehen, welche Bereiche seines Gehirns aktiviert sind, als es der Fall ist, wenn wir sehen, wie er mit dem Schwanz wedelt? Ich will behaupten, dass die Freude des Hundes in der Art seiner Bewegungen offenkundig sichtbarer, zugänglicher, ist als in den Bereichen des Gehirns, die in bestimmten Situationen stärker aktiviert sind.

Unser Wissen über das Verhältnis zwischen dem Gehirn und dem Bewusstsein ist begrenzt, wir wissen jedoch, dass Veränderungen im Gehirn von Veränderungen im Bewusstsein begleitet werden und umgekehrt. Das bedeutet, dass wir nicht ohne Weiteres ein Gleichheitszeichen zwischen Gehirn und Bewusstsein setzen können. Ein Gehirn hat kein Bewusstsein, *der Hund* aber hat ein Bewusstsein. Das Gehirn ist eine entscheidende Voraussetzung dafür, dass der Hund ein Bewusstsein haben kann, das ist aber auch alles. Jede Bewusstseinsfunktion bedarf eines neurologischen Fundaments, das ist feststellbar, wenn Schäden in bestimmten Bereichen des Gehirns zum Verlust von Bewusstseinsfunktionen führen. Wir wissen zum Beispiel, dass Verletzungen in den Bereichen des menschlichen Gehirns, die als Wernicke-Areal und Broca-Areal bezeichnet werden, zum Verlust des Sprachverständnisses und der sprachlichen Formulierungsfähigkeit führen. Das bedeutet nicht, dass die Sprachfähigkeit auf einen bestimmten Zustand in bestimmten Teilen des Gehirns reduziert werden kann. Das Problem ist, dass selbst wenn uns alle relevanten Informationen auf einem neurologischen Niveau vorliegen, wir trotzdem nicht alle Eigenschaften auf einem psychologischen Niveau erklären können. Diese Niveaus haben ihre jeweils eigenen Gegenstände, Gesetze und Begriffe. Studien von Objekten auf niedrigeren Niveaus können Objekte auf höheren Niveaus beleuchten, jedoch nur in begrenztem Ausmaß.

Bewusstsein setzt ein Zusammenspiel zwischen dem Gehirn, dem Körper in seiner Gesamtheit und dem Umfeld des Körpers voraus. Die Neurowissenschaften haben dabei große Fortschritte gemacht, jedoch neigen wir auch dazu, zu überschätzen, wie viel sie uns mitteilen können, wofür Berns Buch beispielhaft ist. Michael S. Gazzaniga, Gründer der Disziplin Kognitive Neurowissenschaft und eifriger Verfechter der funktionellen Magnetresonanztomographie (fMRT), warnt davor, zu glauben, dass Aufnahmen vom Gehirn uns mehr erzählen, als es tatsächlich der Fall ist.[33] Er verweist unter anderem auf eine Studie, die zeigt, dass Menschen Erklärungen psychologischer Phänomene als glaubwürdiger auffassen, wenn diese von Aufnahmen eines Gehirns begleitet werden, auch wenn diese Aufnahmen keinerlei Relevanz für die Erklärung haben. Wissenschaftlich schwächere Erklärungen mit solchen Bildern werden als glaubwürdiger aufgefasst als wissenschaftlich solidere Erklärungen ohne solche Bilder.

Finden wir ein neurologisches Korrelat für einen Bewusstseinszustand beim Menschen, und finden wir einen ähnlichen neurologischen Zustand bei einer anderen Art, können wir nicht ohne Weiteres darauf schließen, dass es sich um denselben Bewusstseinszustand handelt.

Ein entscheidender Teil der neurologischen Grundlage des Menschen zum Empfinden von Reue liegt im sogenannten orbitofrontalen Cortex, ganz vorn im Gehirn. Grundlage einer solchen Behauptung ist die Beobachtung, dass Schlaganfallpatienten, die eine Verletzung in diesem Bereich erlitten haben, keine Reue mehr empfinden, nachdem sie eindeutig schlechte Entscheidungen getroffen haben, während bei Menschen, bei denen dieser Teil des Gehirns intakt ist, eine Aktivierung dieses Bereichs beobachtet werden kann, wenn sie Reue empfinden. Wir wissen, dass im Gehirn von Ratten derselbe Bereich aktiviert wird, wenn sie sich für eine Handlungsalternative entscheiden, die zu einer schlechteren Ausbeute führt als eine andere Wahlmöglichkeit. Auch wenn die Ratte ein Verhalten aufweist, das ihr eine schlechtere Ausbeute einbringt, als es bei einem anderen Verhalten der Fall gewesen wäre, und sie dann innehält und auf die günstigere Alternative zurückblickt, wird ihr orbitofrontaler Cortex aktiviert.[34] Bedeutet das, dass die Ratte *Reue* empfindet? Das ist schwer zu sagen. Für uns Menschen ist Reue ein komplexes Phänomen, das so stark mit unseren sprachlichen Fähigkeiten verbunden ist, mit dem inneren Monolog darüber, *was hätte sein können*, dass schwer vorstellbar ist, was Reue unabhängig davon ist. Lassen Sie uns des Argumentes halber annehmen, dass die Ratte »Reue« empfindet. Bleibt die Frage, was eine Ratte empfindet, wenn sie »Reue« empfindet. Darüber hinaus, dass es eine Art von Unbehagen ist, ist es schwer, viel darüber zu sagen. Wenn Ratten über eine solche Fähigkeit, Reue zu empfinden, verfügen, gibt es Grund zu der Annahme, dass sich diese Fähigkeit auch bei anderen Säugetieren, wie Hunden und Katzen, findet. An dieser Stelle muss ich einfügen, dass ich niemals etwas beobachtet habe, das belegt, dass meine Katzen jemals auch nur irgendetwas bereut haben. Sie haben darum gebeten, bei schlechtem Wetter rausgelassen zu werden, um eine Minute später darum zu bitten, wieder reingelassen zu werden. Das würde ich eher als ein Umentscheiden als ein Bereuen bezeichnen. Was ist mit Hunden? Vielleicht ist der Ausdruck für »Schuld«, der Hunden häufig zugeschrieben wird, eine Form von amoralischer Reue, wobei der Hund keine Schuld dahingehend empfindet, etwas Falsches getan zu haben, sondern vielmehr eine Reue dahingehend, etwas getan zu haben, was die Unzufriedenheit des Besitzers ausgelöst hat.

Unabhängig davon müssen wir bei dem Versuch herauszufinden, über welche Art von mentalen Fähigkeiten sie verfügen, das *Verhalten* der Tiere betrachten. Studien ihrer Neurologie können nicht das Studium ihres tatsächlichen Verhaltens ersetzen. Wenn wir glauben, durch das Studium von Aufnahmen ihres Gehirns eine Art unmittelbaren Zugang zum Bewusstsein der Tiere zu erlangen, sehe ich nicht, dass sich das wesentlich davon unterscheidet, wenn ich während eines Streits zu meiner Frau sagen würde: »Ich verstehe nicht ganz, was du meinst, aber ich mache jetzt ein MRT von deinem Gehirn, damit ich es verstehe.«

Eine menschliche Form

Jeder, der ein Haustier hat, stellt sich die Frage: »Woran denkt mein Hund gerade?« Oder: »Was versucht die Katze mir gerade zu sagen?« Wir stellen uns die Frage, inwieweit wir die Tiere überhaupt verstehen können und ob sie uns verstehen können. Für die meisten Tierbesitzer wird die Antwort ein entschiedenes Ja sein, dass sie sowohl ihre Haustiere verstehen als auch, dass sie bei ihnen auf Verständnis treffen, dass sie den Gemütszustand des Hundes oder der Katze verstehen können oder dass der Hund oder die Katze sie tröstet, wenn sie etwas Trauriges erlebt haben. Das entspricht der Art des Amateurs, über das Tier zu sprechen. »Amateur« bedeutet, wie bereits erwähnt, »jemand, der liebt«. Der Verbindung des Amateurs zum Tier wohnt eine emotionale Dimension inne, die vor dem professionellen Blick leicht schwindet. Spricht der Amateur über das Tier, gebraucht er typischerweise Begriffe aus der menschlichen Psychologie. In seinem Versuch, Tiere zu verstehen, verwendet der Amateur *Anthropomorphismen*. Der Begriff »Anthropomorphismus« stammt von den griechischen Wörtern *anthropos* (Mensch) und *morphe* (Form) und bedeutet, etwas eine menschliche

Form oder Gestalt zu geben. Beschreibt der Amateur seinen Hund oder seine Katze, wird er typischerweise Begriffe verwenden wie: Der Hund »denkt an etwas«, er ist »eifersüchtig«, »traurig« oder »einsam«. Viele Philosophen und Naturforscher werden hingegen systematisch versuchen, die Verwendung solcher Begriffe zu vermeiden, ausgehend von dem Gedanken, dass das Tier, das ein Teil der natürlichen Welt ist, eher *erklärt* als *verstanden* werden muss. Der Biologe wird das Verhalten des Tieres *erklären*, nicht sein Bewusstseinsleben verstehen. Soll man eine Todsünde innerhalb der Tierstudien benennen, dann ist das eben die Verwendung von Anthropomorphismen. Der Erste, der diesen Ausdruck verwendet hat, soll der griechische Philosoph Xenophanes gewesen sein, der die homerische Dichtung dafür kritisierte, die Götter so zu beschreiben, dass sie Menschen ähnelten. Die Frage ist, ob wir unsere Bilder von Göttern auf eine andere Weise formen können, als den Menschen dabei zum Ausgangspunkt zu nehmen. Dasselbe gilt für Tiere.

In der Biologie des 19. Jahrhunderts war es üblich, über die Gefühle und das mentale Leben der Tiere zu sprechen. Ein Beispiel dafür ist Charles Darwin, der ein großes Werk über Gefühlsausdrücke bei Menschen und Tieren geschrieben hat: *The Expression of the Emotions in Man and Animals* (1872). Indessen konnte man aus dieser Praxis auch negative Lehren ziehen. George Romanes, Darwins Forschungsassistent und Erbe von dessen Projekt, zeigte, wie es schiefgehen kann, wenn Anthropomorphismen sich mehr oder weniger frei entfalten können. Romanes erzählte fantasievolle Geschichten über das Verhalten von Tieren, und er nahm an, dass Tiere ziemlich fortschrittliche Bewusstseinszustände haben mussten, um ein solches Verhalten aufzuweisen. Unter anderem berichtete er von einem Affen, der angeschossen worden war und das Blut über seine Hand geschmiert hatte, um diese einem Jäger zu zeigen, damit der Jäger ein schlechtes Gewissen bekam. Es gibt wirklich keinen Grund zu der Annahme, dass ein Affe einen Begriff von »schlechtem Gewissen« hat und noch weitaus weniger ein Verständnis davon, dass ein solcher mentaler Zustand bei einem Menschen erzeugt werden kann, indem man ihm die Konsequenzen seines Handelns aufzeigt.

Wie Darwin Romanes zu seinem Nachfolger auserwählt hatte, so wählte Romanes C. Lloyd Morgan zu dem seinigen, und Morgan sprach sich dafür aus, dass man diese Art der fantasievollen Beschreibungen, wie Romanes sie vorgenommen hatte, begrenzen müsse. Daher führte er ein Prinzip ein: Man sollte ein Verhalten nie als ein Produkt einer höheren mentalen Fähigkeit auslegen, wenn es als ein Produkt einer niedrigeren ausgelegt werden kann.[35] Das bedeutet zum Beispiel: Kann ein und dasselbe Verhalten sowohl als das Produkt eines Instinkts als auch als Resultat dessen ausgelegt werden, dass das Tier nachgedacht hat, dann sollte man die erste, einfachere Erklärung vorziehen.

Im 20. Jahrhundert wurde das Prinzip für Tierstudien tonangebend, als es mit steigendem Argwohn betrachtet wurde, über Gefühle und das mentale Leben von Tieren zu sprechen – so etwas wurde gern als unwissenschaftlich ausgelegt. Morgan selbst wollte hingegen sein Prinzip gar nicht derart streng auslegen. Er meinte, es gäbe durchaus gute Belege dafür, einer Reihe von Tieren fortschrittliche mentale Eigenschaften zuzuschreiben, und es sei legitim, ihr Verhalten als ein Produkt solch höherer Eigenschaften zu beschreiben. Er sprach sich dafür aus, dass Tierforscher Begriffe und Gefühle aus ihrem eigenen Bewusstseinsleben verwenden und Tiere in Analogie dazu betrachten sollten. Wie Morgan sein Prinzip auslegte, hatte er keine Zweifel daran, dass es höchst berechtigt war, seinem Hund ein reiches Bewusstseinsleben zuzuschreiben, allerdings sah er auch klare Grenzen. Seiner Meinung nach verfüge der Hund zweifellos über eine hohe Intelligenz, habe jedoch nicht die Fähigkeit zum abstrakten Denken, er verfüge definitiv über eine Fähigkeit zu Empathie, habe jedoch keine Vorstellung von Gerechtigkeit. In *Animal Life and Intelligence* (1890/91) schreibt Morgan:

> Dass Hunde Empathie mit Menschen empfinden, wird kaum von jemandem bezweifelt werden, der eine Kameradschaft mit diesen vierbeinigen Freunden pflegt. Zeit-

weise scheinen sie instinktiv unsere Stimmungen zu erfassen und sind still, wenn wir viel zu tun haben, legen
ihre zerzausten Köpfe auf unsere Knie, wenn wir besorgt
oder traurig sind, und sind lebhaft, wenn wir froh und
munter sind – so flink ist ihre Auffassungsgabe.[36]

Morgans Grundsatz war im Ausgangspunkt ein gutes
Gegenmittel zum ungezügelten Gebrauch von Anthropomorphismen, die Wirkung des Mittels war jedoch
leider zu gut, sodass sich ein beinahe parodistischer
Widerstand dagegen entwickelte, Tieren »höhere«
Eigenschaften zuzuschreiben. Man sündigte nun gegen den grundlegendsten Vorsatz, den man einnehmen sollte, wenn man sich vornimmt, etwas zu verstehen, nämlich dem Phänomen, das zu verstehen
man sich vorgenommen hatte, gegenüber Gerechtigkeit walten zu lassen. Der Zoologe und Ethologe
Franz de Waal hat den Ausdruck »Anthroponegati-
on« eingeführt, um den Gegensatz der Anthropomorphismen zu beschreiben.[37] Der Ausdruck bezeichnet
die Ablehnung jeglicher Gleichheit zwischen Menschen und Tieren ohne andere Begründung, als dass
dies »undenkbar« oder »unwissenschaftlich« sei.

Ungeachtet dessen war die Folge einer strengeren
Auslegung, dass Tiere im Wesentlichen als eine Art
Automat betrachtet wurden, dessen Innenleben wir
nicht kennen können, und in den irgendwelche Stimuli hineinkommen und eine Reaktion heraus-
kommt. In den letzten Jahrzehnten ist das Pendel
wieder ein Stück weit zurückgeschwungen, nicht zu-

letzt seit dem Buch *The Question of Animal Aware-ness* (1976) des amerikanischen Biologen Donald Griffin, weshalb heute eine größere Offenheit für ein anderes Prinzip herrscht: Man muss dem Tier höhere Eigenschaften zuerkennen, sofern dies die angemessenste Erklärung für das Verhalten des Tieres ist. Man kann das als Wiederaufnahme eines Großteils des Projektes bezeichnen, das Darwin in *The Expression of the Emotions in Man and Animals* verfolgt hat. Darwin wies darauf hin, dass Menschen und Tiere im Wesentlichen über die gleichen Sinne verfügen: Sehen, Hören, Riechen, Schmecken und Fühlen. Tiere können imitieren und sich an Dinge erinnern. Des Weiteren behauptete er, dass Tiere ebenso sehr wie Menschen Lust und Unlust, Freude und Niedergeschlagenheit erleben. Heute werden die meisten seiner Meinung folgen. Die Lektionen aus den Fehlgriffen Romanes' sind indessen noch immer stark verankert, und die meisten werden sich weigern, Tieren Eigenschaften wie Großmut und Scham zuzuschreiben, wie Darwin es getan hat.

Wenn ich sage, dass sich mein Hund an eine Taube heranschleicht, um sie zu fangen, meine ich, mich auf sicherem Boden zu befinden, weil diese Beschreibung auf keinerlei mentale Eigenschaften des Hundes hinweist. Auf noch sichererem Boden befinde ich mich, wenn ich sage, dass der Hund sich so positioniert, dass die Taube in seine Reichweite gelangt. Sage ich hingegen, der Hund *will* oder *wünscht* die Taube zu fangen, tue ich etwas weitaus Problematischeres, weil ich dann Begriffe verwende, die aus unserem menschlichen, mentalen Inventar stammen. Im Übrigen kann hinzugefügt werden, dass es Luna noch nie geglückt ist und auch kaum jemals gelingen wird, eine Taube zu fangen. Vielleicht projiziere ich auch nur meine eigene Gefühls- und Gedankenwelt auf Luna, indem ich Wörter wie *wollen* oder *wünschen* verwende, denn trotz allem kann ich nicht *wissen*, was in ihrem Bewusstsein vor sich geht. Hingegen weiß ich, wie ihr Verhalten ist, ganz einfach, indem ich sie beobachte. Da erscheint es am sichersten, sich mit der Beschreibung des Verhaltens zu begnügen und offenzulassen, welche Art von Bewusstsein sie haben müsste. Eine solche Strategie ist jedoch wenig zufriedenstellend all die Zeit, in der sie so klare Zeichen eines Bewusstseins zeigt. Ihr Bewusstsein springt mir ebenso deutlich in die Augen wie ihre Bewegungen.

Wenn ich sage: »Luna ist fröhlich«, schreibe ich ihr eine aus dem psychologischen Inventar des Menschen geholte mentale Größe zu. Das kann ich vermeiden, indem ich sage: »Luna führt sich in einer Weise auf, die wir als Ausdruck von Freude auslegen würden, wäre sie ein Mensch.« Das ist jedoch unnötig umständlich und albern. Selbstverständlich kann ich nicht *wissen*, ob die Luna-Freude der Lars-Freude entspricht, jedoch habe ich gute Gründe, das anzunehmen. Was das betrifft, kann ich auch nicht *wissen*, ob das, was ich als Freude erlebe mit dem übereinstimmt, was andere Menschen als Freude erleben – an und für sich ist es denkbar, dass sich Ihre Freude in ihrem Wesen von meiner unterscheidet allerdings habe ich offenkundig bessere Gründe anzunehmen, dass sie einigermaßen übereinstimmen, als dass sie es nicht tun. In dieser Hinsicht ist es in der neueren Biologie auch zu einer Verschiebung gekommen, sodass man »fröhlich« und »wütend« nicht mehr in Anführungszeichen setzen muss, wenn man ein Tier beschreibt. So gesehen befindet sich die Biologie wieder auf einer Höhe mit dem Blick des Amateurs – oder der gesunden Vernunft, wenn man so will. Ich wünschte das Gleiche könnte über die Philosophie gesagt werden.

Wenn Ihr Hund einer Katze hinterherläuft, und die Katze auf einen Baum klettert, während Ihr Hund unter dem Baum steht und bellt, lautet die einfachste Erklärung, dass Ihr Hund *glaubt*, die Katze befände sich auf dem Baum. Gleichzeitig verwenden wir hier einen Anthropomorphismus, weil wir etwas darüber sagen, was der Hund »glaubt«, womit wir einen Begriff aus der menschlichen Psychologie verwenden. Für mich ist es ganz offenkundig, dass meine Hündin eine Reihe unterschiedlicher Dinge denkt, wie dass sie Futter bekommen muss oder wir eine Runde Gassi gehen sollten. Ihr Verhalten signalisiert deutlich, dass sie eine Erwartung dahingehend hat. Ebenso wie beim Menschen kommt es vor, dass ihre

Erwartungen unbegründet sind, zum Beispiel, wenn ich die Schublade mit den Leckerlis darin öffne, freilich ohne die Absicht, ihr ein Leckerli zu geben, sondern nur, um etwas anderes herauszuholen. Trotzdem ist es nicht unangemessen, Ausdrücke wie »glauben« oder »Erwartung« zu verwenden, wenn ich meine Hündin beschreibe. Gleichzeitig muss eingeräumt werden, dass ihrer Vorstellungsfähigkeit viel von dem fehlt, was uns Menschen eigen ist. Ihre Vorstellungen sind klar an die Gegenwart geknüpft, und sie kann nicht davon ausgehen, dass ich morgen von einer Reise nach Hause komme, aus dem einfachen Grund, weil sie keinen Begriff von »morgen« hat. Jedoch kann sie erwarten, dass ich bald durch die Tür komme, weil sie meine Schritte auf der Treppe wahrnimmt.

Wir sollten offen dafür sein, dass Tiere uns Gefühle und Intentionen zeigen können, ebenso wie wir dahingehend offen sind, dass Menschen das tun, wohl wissend, dass wir Menschen uns von anderen Tieren in wichtigen Punkten unterscheiden. Versucht man tierisches Verhalten gänzlich ohne die Verwendung von Anthropomorphismen zu beschreiben, wird man schließlich mit einer Flut an Beschreibungen von Bewegungen mit wenig Sinn oder innerem Zusammenhang enden. Die Verwendung solch »menschlicher« Ausdrücke schafft Zusammenhang und deshalb auch Sinn. Nur so können wir Tiere überhaupt verstehen, indem wir unsere eigene Psychologie, unsere eigenen Auffassungen und Gefühle in Anspruch nehmen. Allerdings ist es auch entscheidend, in den Versuch, das Tier zu verstehen, die Erklärungen der Biologie einzubeziehen. So können wir verhindern, dass die Anthropomorphismen zügellos Anwendung finden und wir Tieren alle möglichen menschenähnlichen Eigenschaften zuschreiben, für deren Behauptung es in der Realität keine haltbare Grundlage gibt. Das Ziel besteht darin, einen Zusammenhang zwischen diesen beiden Blicken, dem des Amateurs und dem des Wissenschaftlers, zu erschaffen.

Die meisten Tierbesitzer werden behaupten, ihre Tiere tatsächlich zu verstehen. Damit haben sie vermutlich recht. Im Rahmen eines Versuchs sollten Tierbesitzer anhand von Standfotos und Filmsequenzen die Gemütslage von Hunden und Katzen beschreiben.[38] In ihren Beschreibungen verwendeten sie in hohem Maße Anthropomorphismen. Daneben gab es eine Kontrollgruppe, bestehend aus Personen ohne nennenswerte Erfahrung mit Tieren. Um einzuschätzen, wie gut die Beschreibungen der Versuchspersonen zutrafen, wurden drei Ethologen – Forscher, die Tiere in ihrer natürlichen Umgebung studieren – gebeten, die Antworten als »äußerst plausibel«, »plausibel« oder »wenig plausibel« einzustufen. Wie sich zeigte, gaben die Versuchspersonen mit Erfahrungen sowohl mit Hunden als auch mit Katzen, durchgehend Antworten, die das Prädikat »äußerst plausibel« erhielten. Bei denen, die nur Erfahrungen mit einer Art hatten, fielen die Ergebnisse etwas schwächer aus, aber selbst die Gruppe der Tierunerfahrenen erzielte recht gute Ergebnisse. So gesehen stimmt der Blick des Amateurs, der voller Anthropomorphismen ist, gut mit dem professionellen Blick überein.

Wie ist es, ein Hund zu sein? Das ist eine merkwürdige Frage. Wie ist es, ein Mensch zu sein? Unterscheiden sich diese Fragen in ihrem Wesen? Ein grundlegender Unterschied besteht darin, dass ich eine Erfahrung darin habe, ein Mensch zu sein, nicht jedoch darin, ein Hund zu sein. Was, wenn ich frage wie es ist, eine Frau zu sein? Oder Schwede? Oder Klempner, Tennisprofi, Grundschullehrer oder Krankenpfleger? Ich habe keine Erfahrung darin, irgendjemand davon zu sein. Ein Unterschied besteht darin, dass die Frau, der Schwede, der Klempner, der Tennisprofi, der Grundschullehrer und der Krankenpfleger mir durch Einsatz der üblichen Verbalsprache erzählen können, wie das ist. Der Hund kann mir gegenüber in weitaus geringerem Ausmaß kommunizieren, wie es ist, ein Hund zu sein. Häufig kann ich seine Präferenzen verstehen, indem ich den Ton des Bellens, die Positur des Körpers oder seine Bewegungen deute, wenn ich aufstehe. Ich kann sehen, was sein Interesse weckt, was ihn erfreut, frustriert oder verwundert, jedoch kann ich den Hund nicht interviewen und ihn fragen, welche Auffassungen er von der Welt und von sich selbst hat.

Ich kann den Hund verstehen, indem ich sein Verhalten deute, und ich muss an den Hund in Analogie zu mir selbst denken und einschätzen, wie es für mich wäre, in der Situation zu sein, in der sich der Hund in diesem Augenblick befindet. Auf der anderen Seite muss ich einkalkulieren, dass der Hund trotz allem ein Hund ist und kein Mensch. Es gibt gute Gründe dafür, dass wir zum Beispiel den Schulbesuch als ein Recht der Menschen, und nicht der Hunde, betrachten. Man kann behaupten, dass alle Tierarten in gewissem Sinne in ihrer »eigenen« Welt leben. Aus einer solchen Betrachtung heraus würden wir niemals ein Tier einer anderen Art verstehen. Das Tier würde in seiner Welt leben und wir in unserer. Allerdings sind die Grenzen zwischen diesen Welten porös, sodass wir teilweise in die Welt von Tieren einer anderen Art als der unseren eintreten können.

Dabei müssen wir die Ähnlichkeiten zwischen dem Verhalten der Tiere und unserem eigenen zum Ausgangspunkt nehmen. Ist das Verhalten gleich, ist es im Ausgangspunkt nicht unangemessen anzunehmen, dass auch der Bewusstseinszustand, der dem Verhalten zugrunde liegt, gleich ist. David Hume schreibt:

> Die Ähnlichkeit, die zwischen den Handlungen der Tiere und denen der Menschen in der bezeichneten Hinsicht besteht, ist eine so vollkommene, dass uns die erste beste Handlung eines beliebigen Tieres, die wir herausgreifen mögen, einen unbestreitbaren Beleg für unsere Behauptung an die Hand gibt. Die vorgetragene Anschauung ist ebenso nützlich, wie sie einleuchtend ist; sie gibt uns eine Art von Prüfstein, an dem wir jede Theorie, die innerhalb

dieses Gebietes der Philosophie aufgestellt werden mag, prüfen können. Aus der Ähnlichkeit der äußeren Handlungen der Tiere und derjenigen, die wir selbst ausführen, schließen wir, dass auch ihre inneren Handlungen den unseren gleichen; und wenn wir nach demselben Prinzip noch einen Schritt weitergehen, so sehen wir uns genötigt zu schließen, dass, da ihre inneren Handlungen den unsrigen gleichen, die Ursachen, aus denen beide entspringen, gleichfalls übereinstimmen müssen. Wenn also irgendeine Hypothese aufgestellt wird, die zur Erklärung einer den Menschen und Tieren gemeinsamen geistigen Tätigkeit dienen soll, so müssen wir zusehen, ob dieselbe Hypothese auf beide, die Tiere und die Menschen, in gleicher Weise anwendbar ist.[39]

Von diesem Ausgangspunkt ausgehend zieht er die Schlussfolgerung: »Mir nun erscheint keine Wahrheit einleuchtender als die, dass die Tiere ebensogut wie der Mensch denken und mit Vernunft begabt sind.«[40] Hier ist es hingegen üblich, eine stärkere Skepsis an den Tag zu legen und zu behaupten, dass wir positive Beweise einer anderen Art benötigen, um Tieren diese Eigenschaften zuzuschreiben.

Warum stellen wir an die Beweise dafür, dass Tiere bewusst sind und über die Fähigkeit zum Denken verfügen, so viel strengere Anforderungen, als es bei Menschen der Fall ist? Menschen verfügen über die Sprache, kann man sagen, und die Sprache ist ein Beweis für Bewusstsein. Indessen kann die Sprache nicht diese ganze Diskriminierung erklären, zumal wir auch Menschen ohne Sprache Bewusstsein zuschreiben, zum Beispiel kleinen Kindern, die noch keine Sprache entwickelt haben. Wären wir in Studien zu den Fähigkeiten vorsprachlicher Kinder ebenso streng, wie wir es bei Tierstudien sind, würden wir ihnen nicht viel Bewusstsein zuschreiben können. Der Punkt ist nicht, dass wir die Anforderungen, um Menschen Bewusstsein zuzuschreiben, verschärfen sollten – es wäre absurd, wenn wir alle uns unaufhörlich versichern sollten, dass die Menschen, mit denen wir zu tun haben, wirklich bewusst *sind* – sondern vielmehr, dass wir eine größere Toleranz gegenüber Tieren haben sollten, dass wir keine unwiderlegbaren Beweise fordern, sondern lediglich Glaubhaftmachung.

Man kann auch die Verwendung von Anthropomorphismen verteidigen, ohne auch nur überhaupt etwas dahingehend vorauszusetzen, welche Art von Bewusstseinsleben Tiere haben müssen. Der amerikanische Philosoph Daniel Dennett tut dies, indem er behauptet, dass es ganz einfach eine fruchtbare Strategie ist, um Verhalten zu erklären und vorauszusehen.[41] Für Dennett ist es egal, ob der Hund Futter »wünscht« oder »erwartet«, wenn er angelaufen kommt, nachdem er das Geräusch der Tür zur Abstellkammer gehört hat, in der sich das Futter befindet. Inwieweit der Hund überhaupt über die Fähigkeit verfügt zu wünschen oder zu erwarten, ist irrelevant. Wichtig ist, dass wir, indem wir in dieser Weise über den Hund sprechen, Verhalten erklären (er kommt angelaufen) und zukünftiges Verhalten voraussehen können (er kommt auch das nächste Mal, wenn er das Geräusch hört, angelaufen). Man kann Verhalten also faktisch erklären und voraussagen, indem man den Hund beschreibt *so als* hätte er solche Bewusstseinszustände. Allerdings hätten wir am liebsten mehr als nur ein »so als«. Wir wollen wissen, ob der Hund wirklich solche Bewusstseinszustände *hat*. Das weist Dennett als eine sinnlose Aufgabe zurück. In diesem Punkt bin ich anderer Meinung. Wir können kaum *beweisen*, dass der Hund über ein Bewusstseinsleben mit Auffassungen und Präferenzen verfügt, ebenso wenig, wie wir beweisen können, dass ein Mensch darüber verfügt, jedoch gibt es weitaus bessere Gründe dies anzunehmen, als dass das Gegenteil der Fall ist.

Gedankenlesen

Wir Menschen sind gute Gedankenleser. Faktisch so
gut, dass wir sogar in der Lage sind, dort Gedanken
zu lesen, wo es keine Gedanken zu lesen gibt. In einer
bekannten psychologischen Studie aus den 1940er
Jahren zeigte man 34 Testpersonen einen kurzen
Film über eine Fläche, auf der sich ein großes Dreieck, ein kleines Dreieck und ein kleiner Kreis um eine
rechteckige Form herumbewegten, in die sie hinein-
und aus der sie hinaustreten konnten.[42] Die Testpersonen wurden gebeten zu beschreiben, was sie sahen,
und sämtliche Testpersonen, ausgenommen einer, beschrieben die Figuren so, als seien sie bewusst und
hätten Intentionen. Sie taten das, weil sie ansonsten
nur einen etwas chaotischen Strom aus Bildern gehabt hätten, in dem sich ein paar geometrische Figuren willkürlich bewegten. Das wiederum würde keinen erkennbaren Sinn ergeben. Indem sie die Figuren
so betrachteten, als verfügten diese über ein Bewusstsein, konnten die Testpersonen den Film beispielsweise als einen Liebesfilm deuten. Einer Interpretation
des Experiments zufolge sind wir umso geneigter, etwas Bewusstsein und Absichten zuzuschreiben, je un-
vorhersagbarer etwas ist, weil wir das scheinbar zu-

fällige Verhalten dann in einen Zusammenhang setzen können, der für uns einen Sinn ergibt.

Wir verfügen über eine hoch entwickelte Fähigkeit zu reflektieren, was im Bewusstsein anderer vorgeht. In der Psychologie wird dieses Phänomen gern als »Mentalisierung« bezeichnet. Man kann behaupten, dass es sich dabei um eine unserer wichtigsten Eigenschaften als Art handelt, weil es eine Voraussetzung für wirkliche soziale Intelligenz ist. Indessen besitzt diese Eigenschaft auch die Tendenz zur Zügellosigkeit, wodurch wir zum Beispiel auch solches Verhalten als Ausdruck von Bewusstsein deuten, bei dem es kein Bewusstsein gibt. Wir können auch Objekte, die keinerlei Verhalten aufweisen – wenn wir mit Verhalten die Fähigkeit zur Eigenbewegung meinen –, so deuten, als hätten sie eines. Ein Beispiel dafür ist, dass wir auf einen Computer oder ein Auto wütend werden können, wenn sie nicht so funktionieren, wie sie sollen, und wir sie ausschimpfen, auch wenn klar ist, dass sie kein Bewusstsein haben.

Es kommt auch vor, dass wir den entgegengesetzten Fehler machen und einem Wesen nicht eine Art Bewusstsein zuschreiben, obwohl es das in Wirklichkeit hat. Bis in die 1980er Jahre hinein war es üblich, Säuglinge ohne Betäubung zu operieren. Ein Grund dafür war das Risiko, das die Anästhesie für einen Säugling darstellt, des Weiteren wurde jedoch argumentiert, die Fähigkeit des Säuglings, Schmerzen zu empfinden, sei so gering – oder existiere gar nicht –, dass es unnötig sei, dieses Risiko einzugehen. Heute herrscht weitestgehend Einigkeit darüber, dass ein Säugling über eine gut entwickelte Fähigkeit zur Schmerzempfindung verfügt, weshalb auch bei voraussichtlich schmerzhaften Eingriffen normalerweise eine Betäubung erfolgt. Wie konnten sich die Ärzte derart irren? Schließlich hatte das Verhalten der Säuglinge darauf hingewiesen, dass sie Schmerzen empfanden. Die Ärzte sahen das, deuteten aufgrund anderer Auffassungen über Säuglinge das Verhalten jedoch so, als sei es nicht Ausdruck eines genuinen Schmerzbewusstseins.

Eine ähnliche Schlussfolgerung finden wir bei einer Reihe von Philosophen, die über Tiere geschrieben haben. Am berüchtigtsten ist vielleicht der französische Philosoph René Descartes (1596–1650). Descartes räumt ein, dass es viele Übereinstimmungen gibt, wenn man menschliche Handlungen und das Verhalten von Tieren miteinander vergleicht, er behauptet jedoch, dass dies nichts über eventuelle »innere Handlungen« aussagt. Übereinstimmung im äußeren Verhalten sei kein Beweis für die Übereinstimmung im inneren Leben.[43] Tiere antworten nicht, wenn man ihnen Fragen stelle, zudem weise ihr Verhalten eine stärkere Regularität auf, als es beim Menschen der Fall ist.[44] Descartes zufolge sei das einzige sichere Zeichen für Bewusstsein die Sprache, und umgekehrt das Fehlen von Sprache ein sicherer Indikator für fehlendes Bewusstsein.[45] Er behauptet auch, dass, wenn man akzeptiere, dass ein Tier denkt, man akzeptieren müsse, dass alle Tiere denken, auch Austern und Schwämme. Da es jedoch absurd sei zu meinen, Austern und Schwämme würden denken, müsse man den Schluss ziehen, dass kein Tier denkt.[46] In einem Brief schreibt er, dass Tiere die Welt nicht so sehen, wie wir es normalerweise tun, sondern vielmehr in einer Weise, die daran erinnert, wie wir die Welt sehen, wenn wir geistesabwesend sind, wenn Licht auf unsere Netzhaut trifft und dafür sorgt, dass wir den Körper bewegen, wir uns dieses Geschehens jedoch nicht bewusst sind.[47] Das lässt die Annahme aufkommen, dass er der Meinung ist, Tiere hätten ein Bewusstsein, sie sich diese Tatsache jedoch nicht bewusst machen können. Das würde jedoch bedeuten, die Analogie zu den geistesabwesenden Menschen zu weit auszudehnen, da seine Auffassung des Ganzen vielmehr lautet, dass Tiere überhaupt kein Bewusstsein haben. Das Tier ist vielmehr als ein Automat zu betrachten, bei dem äußere Stimuli ein Verhalten verursachen können, ohne dass irgendein Bewusstsein involviert ist. Schmerz ist Descartes zufolge ein Bewusstseinsphänomen, das von körperlichen Bewegungen begleitet wird, bei Tieren spielt sich jedoch nur die Bewegung an sich ab, nicht aber auch der entsprechende Bewusstseinszustand.[48] Er akzeptiert also, dass Tiere die gleichen physiologischen Voraussetzungen haben wie Menschen, um Schmerz zu empfinden, ihnen jedoch das Bewusstsein fehlt, den Schmerz zu registrieren. In einem Brief an Henry More schreibt Descartes 1649 indes, dass, selbst wenn er hinnehme, dass nicht bewiesen werden kann, Tiere verfügten überhaupt über eine Fähigkeit zum Denken, sei dadurch nicht bewiesen, dass Tiere *keine* Fähigkeit zum Denken haben, da »unser Bewusstsein nicht in ihre Herzen vordringt«.[49] Einen winzig kleinen Zweifel gibt es also. Descartes' sonderbare Auffassung von Tieren kann im Übrigen nicht damit erklärt werden, dass er keine Erfahrung mit Tieren hatte, denn er hatte einen kleinen Hund namens Monsieur Gras, den er sehr gemocht haben soll und der ihn auf seinen Spaziergängen begleitet hat.

Die kartesische Auffassung von Tieren hatte eine lange Lebensdauer. Zum Beispiel führte der französische Physiologe Claude Bernard (1813–1878) bei einer Reihe von Hunden und Katzen Vivisektionen (von Lateinisch *vivus*, »lebendig«, und *secare*, »schneiden«) ohne Betäubung durch. Er schnitt sie auf, wobei seiner Ansicht nach ihre Schmerzensschreie und Befreiungsversuche nichts waren, worum man sich kümmern musste, weil sie nichts anderes seien als Maschinen. Einmal kehrten seine Frau und seine Töchter nach Hause zurück und sahen zu ihrem Entsetzen, dass das Haustier der Familie, ein Hund, Gegenstand einer solchen Behandlung geworden war. Nachdem sich das Paar getrennt hatte, wurde seine Exfrau zu einer eifrigen Vorkämpferin für den Schutz von Tieren vor grausamer Behandlung. Für Bernard war das lediglich billige Sentimentalität, die sich dem Fortschritt der Wissenschaft nicht in den Weg zu stellen hatte.

Ähnliche Gedanken gibt es auch heute noch. Der amerikanische Philosoph Peter Carruthers behauptet, Tieren fehle es ganz einfach an Bewusstsein. Sie könnten deshalb nicht einmal Schmerz empfinden, weshalb wir jedes Gefühl der Sympathie für Tiere ablegen sollten.[50] So gesehen repräsentiert er eine moderne Version der stoischen Auffassung von Tieren. Die Stoiker der Antike behaupteten, dass Tiere nichts anderes seien als wandernde Mahlzeiten. Faktisch hätten Tiere nicht einmal Sinneserfahrungen, meinten sie. Sie waren der Meinung, dass zum Beispiel das Sehen einer Katze bedeute, ausgehend von dem, was den Sinnen dargeboten wird, zu beurteilen, dass das Gesehene eine Katze ist, dass man ein solches Urteil jedoch nur dann fällen kann, wenn man über die Fähigkeit zur Sprache verfügt. Da ein Hund nicht über die Fähigkeit zur Sprache verfügt, kann er keine *Katze sehen*, selbst dann nicht, wenn er seinen Blick auf eine Katze richtet. Das Fehlen der Sprache habe deshalb zur Folge, dass Tiere nicht verstanden, sondern nur erklärt werden können, weil es faktisch kein psychologisches Leben gibt, das es zu verstehen gilt.

Es ist merkwürdig, welchen Widerstand viele Philosophen dagegen leisteten – und viele noch immer leisten –, Tieren Bewusstsein und die Fähigkeit zum Denken zuzuschreiben. Ich bezweifle nicht, dass die

Hunde und Katzen, mit denen ich bisher zusammengelebt habe beziehungsweise aktuell zusammenlebe,
gedacht haben beziehungsweise denken. Hingegen
ist mir nicht immer ganz klar, *was* sie denken. Das
trifft freilich auch auf Menschen zu, mit denen ich
zusammengelebt habe, von Kindesbeinen an bis ins
Erwachsenenalter hinein, und mitunter kommt es
vor, dass ich nicht recht weiß, was ich selbst denke.
Dennoch gibt es zwischen den drei Fällen Unterschiede. Meistens bin ich in mir selbst mit einer solchen
Unmittelbarkeit anwesend, dass es keinen Raum für
Zweifel daran gibt, was in meinem Bewusstsein vorgeht. Ich kann in meinen eigenen Gedanken und Gefühlen wie kein anderer, weder Mensch noch Tier, anwesend sein. Der Erfahrung von sich selbst wohnt
eine Unmittelbarkeit inne. Wenn ich auf einem Kon-
zert bin und die dargebotene Musik mich wirklich berührt, löst dieses Gefühl in meinem ganzen Körper
und Geist eine Resonanz aus. Es erscheint als ungeheuer sinnvoll, ohne dass ich eindeutig sagen kann,
worin der Sinn genau besteht. Ich kann die Person
neben mir anschauen, bei der es sich um einen alten
Freund handeln kann, den ich in- und auswendig
kenne und mit dem zusammen ich diese Band seit unseren Teenagerjahren höre, und ich kann an seinem
Lächeln, seinem Blick und seiner Mimik sehen, dass
diese Musik auch ihn in diesem Augenblick innerlich
so berührt, dass wir dieses Erlebnis teilen. Trotzdem
teilen wir es niemals voll und ganz, weil ich mich nie-

mals tatsächlich in sein Bewusstsein hineinversetzen kann. Das Erlebnis wird immer einen privaten Charakter haben, der nicht vollends mit jemand anderem geteilt werden kann. Ich *befinde* mich in einer Weise in meinen eigenen Gedanken und Erfahrungen, wie es keinem anderen Menschen jemals möglich sein wird.

Wie bereits erwähnt, wohnt der Art und Weise, wie sich andere Menschen aufführen, etwas Wesentliches inne, was dazu führt, dass ich sie als bewusst erfahre. Sie werden *nicht* zuerst als ausgestreckte Körper erlebt, die sich in einer bestimmten Weise bewegen, woraufhin wir zu dem Schluss kommen, dass sie bewusst sind. Vielmehr erleben wir sie unmittelbar als bewusst. Normalerweise kann ich sie auch ganz unmittelbar verstehen, auch wenn es Situationen gibt, in denen sie absichtlich verbergen, was in ihrem Inneren vorgeht. Wir alle haben Gedanken und Gefühle, von denen wir anderen nichts erzählen, weil wir nicht zugeben wollen, dass wir sie haben. Indessen können wir einer anderen Person meistens an*sehen*, wie es ihr geht, und wenn wir unsicher sind, können wir einander fragen und eine einigermaßen klare Antwort erhalten. Mit Tieren verhält sich das anders.

Wir können Tiere nicht einfach fragen, was sie denken und fühlen, und es ist auch nicht immer so einfach, ihre Körpersprache zu deuten. Im Umgang mit Tieren entwickeln wir jedoch Deutungsfähigkeiten. Zum Beispiel wird es Menschen, die den Umgang mit

Hunden gewohnt sind, nicht entgangen sein, dass das Wedeln mit dem Schwanz oft, jedoch nicht immer, bedeutet, dass der Hund fröhlich ist. Das Schwanzwedeln hat eine Reihe unterschiedlicher Bedeutungen, abhängig davon, ob es langsam oder schnell ist, mehr nach rechts oder mehr nach links gewandt und in welcher Situation es stattfindet. Hundebesitzer haben meist gelernt, ihren Hund so zu deuten, ohne genau darüber nachzudenken. Die meisten Menschen könnten dies indessen bereuen, wenn sie diese Auslegung in der Begegnung mit einer Katze anwenden. Wenn sie ruhiges Schwanzwedeln als einen Ausdruck von Freundlichkeit und Freude ansehen, anstatt als Gereiztheit, laufen sie Gefahr, an den Händen blutig gekratzt zu werden.

Es besteht ein wesentlicher Unterschied zwischen der Erfahrung meiner selbst und der Erfahrung anderer. Die Erfahrung meiner selbst ist eine Erfahrung von etwas, was sowohl als etwas Äußeres als auch als etwas Inneres gegeben ist, während ich bei anderen nur das Äußere erfahren kann. Keiner von uns ist in strengem Sinne Gedankenleser. Wir können die Absichten eines Tieres nicht einfach *sehen*, ohne etwas über sein spezifisches Verhalten zu wissen. Das Einzige, was uns gegeben ist, ist sein Körper, seine Bewegungen und Geräusche. Wir können unmittelbar sehen, *dass* es Intentionen hat, jedoch erfordert es größeres Hintergrundwissen, um zu sehen, *welche* Intentionen es jeweils hat. Es ist nicht so, dass einem das Bewusstsein eines Hundes, einer Katze oder meinetwegen eines Elefanten »verborgen« ist, ebenso wenig, wie das Bewusstsein eines anderen Menschen verborgen ist. Das Bewusstsein ist da, direkt vor Ihren Augen, manifestiert im Körper des Tieres. Es ist ein Missverständnis, ausschließlich im Gehirn nach dem Bewusstsein zu suchen. Das Bewusstsein ist das Zentrum meines Körpers und meiner Welt. Wir können das Ich nicht lokalisieren, indem wir darauf zeigen, wollen wir es aber dennoch lokalisieren, müssen wir sagen, dass das Ich schlicht und einfach der ganze Körper ist. Kant hebt das in seinem Frühwerk *Träume eines Geistersehers* hervor, indem er sagt, dass wir, wollen wir versuchen zu sagen, *wo* sich die Seele befindet, sagen müssen: »wo ich empfinde, da *bin* ich. Ich bin eben so unmittelbar in der Fingerspitze wie in dem Kopfe [...] *meine Seele ist ganz im ganzen Körper und ganz in jedem seiner Teile.*«[51] Bewusst zu sein, bedeutet anwesend in der Welt zu sein, mit einem Körper, als Handelnder. Das Bewusstsein ist sichtbar, allerdings muss man auch fähig sein, es zu sehen. Auf der anderen Seite ist es in einer anderen Weise sichtbar, als zum Beispiel ein Stein oder ein Stuhl sichtbar ist. Das Bewusstsein ist sichtbar, aber es muss verstanden werden. Wir können sagen: Es ist sichtbar, weil es verstanden werden kann.

Wir Menschen sind Wirbeltiere mit großen Gehirnen, wir erschaffen Vorstellungen und sind recht gute Problemlöser. Dasselbe kann über sehr viele andere Tiere gesagt werden. Da uns mit diesen Tieren so viel an Evolutionsgeschichte gemein ist, erscheint es angemessen, ihnen einen Teil der gleichen Eigenschaften zuzuschreiben, die wir uns Menschen zuschreiben, nicht zuletzt ein Bewusstsein. Die Voraussetzung dafür, dass Tiere verstanden werden können, ist, dass wir ausreichend psychologische Eigenschaften mit ihnen gemein haben, damit wir sie mit Ausgangspunkten in unserer eigenen Psychologie verstehen können, selbst wenn wir einkalkulieren müssen, dass die Unterschiede auch beträchtlich sein werden. Menschen und Tiere teilen so viele biologische, verhaltens- und beziehungsmäßige Eigenschaften, und es wäre merkwürdig, würden wir nicht auch eine Reihe psychologischer Eigenschaften teilen.

Es gibt fünf Kriterien, die sich zum Teil überlappen und die jedes für sich Grund zu der Annahme liefert, dass ein Organismus Bewusstsein, Präferenzen, Intentionen und so weiter hat: (1) Sprache, (2) Verhalten, darunter nichtsprachliche Kommunikation durch den Gebrauch von Zeichen, Geräuschen und Geruch, (3) die Fähigkeit zum Lernen und zur Problemlösung, (4) neurologische Gemeinsamkeiten mit dem Menschen und (5) evolutionäre Nähe zum Menschen. All diese Kriterien haben mitunter vage Grenzen, und es ist zum Beispiel nicht leicht zu sagen, wie man Sprache abgrenzen soll. Unterdessen liefern uns diese Kriterien Grund zu der Annahme, dass unterschiedliche Tiere über bestimmte Fähigkeiten verfügen. Bäume und Pflanzen erfüllen keines dieser Kriterien. Manch einer wird behaupten, dass Bäume und Pflanzen kommunizieren oder sogar eine Sprache haben, dabei verwenden sie diese Wörter jedoch in einer so ausgedehnten Bedeutung, dass man dennoch Bäumen und Pflanzen kein Bewusstsein zuschreiben sollte. Einige Tiere erfüllen lediglich ein oder zwei Kriterien, andere die meisten. Wie wir bereits gesehen haben, bin ich der Meinung, dass kein anderes Tier als der Mensch das Kriterium der Sprache erfüllt. Es ist nicht so, dass ein Tier, das mehrere Kriterien erfüllt, unbedingt »bewusster« ist als ein Tier, das weniger Kriterien erfüllt, denn es stellt sich auch die Frage, *wie* das Tier die Kriterien erfüllt.

Seesterne haben kein Gehirn, und deshalb liegt es fern, ihnen ein Bewusstsein zuzuschreiben. Andererseits ist es verlockend, Seesternen ein Bewusstsein zuzuschreiben, weil sie uns so erscheinen können, als hätten sie eines, mit einem scheinbar zielgerichteten Verhalten, das wir sonst mit einem Bewusstseinsleben erklären würden. Es gibt auch große Grauzonen, und es ist alles andere als klar, wo wir die Grenze ziehen sollen zwischen Tieren, die ein Bewusstsein haben, und denen, die es nicht haben. 2012 unterzeichnete eine Reihe von Forschern innerhalb der Neurowissenschaften eine Erklärung namens *The Cambridge Declaration on Consciousness*, in der sie behaupteten, dass eine Reihe nichtmenschlicher Tiere, darunter alle Säugetiere und Vögel sowie Kopffüßer, über die neurologischen Bedingungen für Bewusstsein verfügen und dass viele dieser Tiere so deutliche Anzeichen von Bewusstsein aufweisen, dass die Beweislast vielmehr bei denen liegt, die leugnen, dass Tiere ein Bewusstsein haben.

Der australische Philosoph Peter Godfrey-Smith nimmt den Pazifischen Riesenkraken zum Ausgangspunkt, wenn er argumentiert, dass die übliche Auffassung von Bewusstsein als etwas, das man entweder hat oder nicht hat, fehlgeschlagen ist.[52] Alle sind sich einig, dass der Mensch über Bewusstsein verfügt, und die meisten würden behaupten, dies sei auch bei Schimpansen und Delfinen der Fall. Die wenigsten würden hingegen behaupten, dass Ameisen ein Bewusstsein haben. Zwischen den benannten gibt es eine enorme Anzahl von Tieren, von denen man in variierendem Grad meinen könnte, dass sie Anzeichen von Bewusstsein zeigen. Das Problem daran, Bewusstsein als etwas zu betrachten, das in Graden vorkommt, ist, dass es nicht so einfach ist, sich vorzustellen, was es heißt, ›ein bisschen Bewusstsein‹ zu haben. Es ist eine Sache, einen gewissen Grad der Erinnerung zu haben, etwas anderes, sich ›ein bisschen‹ bewusst zu sein, Schmerz zu empfinden. Für uns ist es natürlich, entweder zu sagen, dass man Schmerz empfindet oder eben nicht. Godfrey-Smith hebt indessen hervor, dass, wenn wir das Bewusstsein als etwas betrachten, das sich während der Evolutionsgeschichte entwickelt hat, es am angemessensten ist, es als etwas zu betrachten, das sich nach und nach entwickelt hat, anstatt als etwas, das es nicht gab bis zu dem Tag an dem es voll und ganz in einem Wesen entstand. Bewusstsein, so wie wir es haben, wo wir uns eine Art inneres Bild von einer äußeren Wirklichkeit bilden können, ist vermutlich eine Weiterentwicklung der Fähigkeit, subjektive Erfahrungen zu haben. Es ist keineswegs unangemessen anzunehmen, dass viele Tiere, die gar nicht über unsere Form von Bewusstsein verfügen, solche Erfahrungen von grundlegenden Phänomenen wie Schmerz, Hunger und Durst haben können. Oder zu erleben, Luft zu benötigen, nachdem man sich zu lange unter Wasser aufgehalten hat. Das sind Gefühle, die wir selbst erleben, wobei sie bei uns mit einer umfassenden Fähigkeit zur Bildung eines mehr oder weniger objektiven Bildes von der Umgebung kombiniert sind, jedoch ist nichts unangemessen an dem Gedanken, dass man solche Erlebnisse auch ohne eine solche Fähigkeit haben kann. Man kann beobachten, dass verletzte Hühner und Fische sich für Futter entscheiden, das schmerzstillende Substanzen enthält, auch wenn es sich dabei nicht um das von ihnen eigentlich bevorzugte Futter handelt und ihr Lieblingsfutter zugänglich ist. Das belegt, dass sie Schmerz empfinden und Futter wählen, das den Schmerz reduziert. Wie fühlt sich Schmerz für ein Huhn an? Das ist schwer zu sagen, und wir können im Grunde nichts anderes tun, als es mit unserem eigenen Erleben von Schmerz zu vergleichen.

Wenn wir Bewusstsein diskutieren, ist es indessen wichtig, zwischen unterschiedlichen *Typen* Bewusstsein zu unterscheiden. Der amerikanische Philosoph Ned Block unterscheidet zwischen dem, was er als *phenomenal consciousness* und *access consciousness* bezeichnet.[53] Übersetzt kann man dies als Erlebnisbewusstsein und Zugangsbewusstsein bezeichnen. Mit Zugangsbewusstsein ist gemeint, dass ein Organismus mentale Zustände hat, die andere mentale Zustände und Verhalten beeinflussen oder von diesen beeinflusst werden können. Stellen Sie sich zum Beispiel vor, eine Hand auf eine heiße Herdplatte zu legen und sie unmittelbar zurückzuziehen. Das geschieht so schnell, dass Sie sich nicht bewusst sind, *dass* Sie sich des Schmerzes bewusst sind. Wir können in diesem Fall sagen, dass der Schmerz ein Teil Ihres Zugangsbewusstseins ist, weil er ein Verhalten verursacht, die Hand zurückzuziehen, obwohl Sie den Schmerz noch nicht bewusst erleben. Anschließend kann sich Ihre Aufmerksamkeit auf den Schmerz richten, sodass Sie den Schmerz *erleben*. Dann ist der Schmerz ein Teil Ihres Erlebnisbewusstseins. Mit Erlebnisbewusstsein ist gemeint, wie es für einen Organismus ist, genau dieser Organismus zu sein, wie es erlebt wird, in dem Zustand zu sein, in dem sich der Organismus befindet, was in diesem Fall ein Zustand des Schmerzes ist.

Zugangsbewusstsein, jedoch kein Erlebnisbewusstsein zu haben, kann mit einem Fall aus der Medizin beleuchtet werden, bei dem eine Frau, die lediglich als »DF« benannt wird, in Folge einer Kohlenstoffmonoxidvergiftung einen Hirnschaden erlitten hatte.[54] Genauer gesagt verlor sie die Fähigkeit, die Form und Platzierung von Objekten zu sehen – das Einzige, was sie sehen konnte, waren einige äußerst vage Farbreflexe. Wurde DF gebeten, den Raum, in dem sie sich aufhielt, zu beschreiben, welche Objekte sich darin befanden und wie diese platziert waren, war sie dazu nicht in der Lage. Jedoch konnte sie durch den Raum gehen, ohne an ein einziges Hindernis zu stoßen. Wurde sie gebeten, einen Brief in einen schmalen Briefschlitz zu stecken, gelang ihr das hervorragend, auch wenn der Winkel des Schlitzes verändert wurde, jedoch hatte sie kein Erleben davon, den Schlitz zu sehen. Das Zugangsbewusstsein funktionierte gut – es wurden Sinneseindrücke aufgenommen, die das gewünschte Verhalten auslösten – jedoch hatte sie kein Erleben dieser Sinneseindrücke.

Um das Ganze zusätzlich zu verkomplizieren, unterscheidet man zwischen Theorien der ersten Ordnung und Theorien der höheren Ordnung des Erlebnisbewusstseins. Die Theorien der ersten Ordnung behaupten, das Erlebnisbewusstsein bestehe darin, einen Typ Vorstellung von sich selbst und seiner Umgebung zu haben. Solche Vorstellungen sind im Tierreich hinreichend ausgeprägt, vielleicht bis hinab auf das Insektenniveau. Die Frage ist, inwieweit solche Theorien einfangen, was mit Erlebnisbewusstsein ge-

meint ist. Anhänger der Theorien der höheren Ordnung sind nicht der Meinung. Sie fordern, dass solche
Zustände Zustände sein müssen, über die sich der Organismus »im Klaren« ist, die in irgendeiner Weise
subjektiv registriert und gern in einer bestimmten
Weise *gefühlt werden*. Das ist wohl eine angemessene-
re Auslegung des Erlebnisbewusstseins, beinhaltet jedoch, dass das Erlebnisbewusstsein im Tierreich ein
weitaus selteneres Phänomen ist.

Ein und dasselbe Verhalten – zum Beispiel einen
verletzten Körperteil zu schützen – kann sowohl
damit erklärt werden, dass der Organismus nur über
Zugangsbewusstsein verfügt, als auch damit, dass
er außerdem Erlebnisbewusstsein hat. Das Verhalten
an sich liefert uns isoliert betrachtet keine Grundlage, um zu entscheiden, welche Erklärung die richtige
ist. Geht es um Tiere, die mit uns verwandt sind,
kann man auch neurologische Funde zurate ziehen,
indem man von der neuronalen Basis ausgeht, die
vom Erlebnisbewusstsein des Menschen bekannt
sind, und anschließend schaut, ob man etwas Ent-
sprechendes bei anderen Tieren findet. Das gibt uns
Grund zu der Annahme, dass ganz viele Tierarten,
und auf jeden Fall alle Säugetiere, über ein Erlebnisbewusstsein verfügen.

Wie verhält es sich mit Tieren, die nicht so eng mit
uns verwandt sind? Es ist fraglich, ob andere wirbel-
lose Tiere als bestimmte Kopffüßlerarten darüber
verfügen, dabei sind fast 98 Prozent aller Tierarten

wirbellos. Wir haben zum Beispiel wenig Grund zu der Annahme, dass Krebstiere ein Erlebnisbewusstsein der höheren Ordnung haben, weil sie nicht über die neurologischen Eigenschaften verfügen, die wir für gewöhnlich als Voraussetzung für die Möglichkeit eines solchen Bewusstseins annehmen. Gleichzeitig gibt es guten Grund zu der Annahme, dass zum Beispiel Krabben Schmerzen empfinden, da sie Schmerzrezeptoren besitzen und ein Verhalten aufweisen, demzufolge sie versuchen, das zu meiden, was den Schmerz verursacht.[55] Mit anderen Worten scheinen sie ein Zugangsbewusstsein, jedoch nicht unbedingt ein Erlebnisbewusstsein zu haben. In diesem Fall empfinden sie Schmerz, haben jedoch kein Bewusstsein *dahingehend*, dass sie Schmerz empfinden. Wie das ist, ist für uns schwer vorstellbar, weil unser Schmerzbewusstsein derart vom Erlebnisbewusstsein durchdrungen ist; das Beispiel mit der heißen Herdplatte vermittelt uns jedoch vielleicht einen gewissen Eindruck. Indessen wissen wir auch aus der menschlichen Erfahrung, dass die affektive Dimension des Schmerzes, dass er lästig ist, davon getrennt werden kann, dass er verspürt wird. Menschen mit bestimmten Hirnverletzungen berichten, dass sie den Schmerz spüren, dass er sie jedoch nicht quält.

Unabhängig davon sollte die Faustregel vielleicht lauten: Ähnelt das Verhalten eines Tieres in Situationen, von denen wir wissen, dass der Mensch Schmerz empfindet, menschlichem Verhalten, dann müssen wir annehmen, dass auch das Tier Schmerz empfindet – und dass der Schmerz das Tier quält –, insofern wir keine guten Gründe zu der Annahme haben, dass dieses Tier nicht über die neurologischen Voraussetzungen verfügt, um Schmerz zu erleben. Bei Insekten findet sich ein solches Verhalten nicht. Nach einer Verletzung fahren sie, in dem Grad, wie es physisch möglich ist, wie zuvor mit ihren Aktivitäten fort – sie fressen zum Beispiel weiter, auch wenn der halbe Körper abgetrennt ist und das Gefressene einfach wieder austritt –, und allem nach zu urteilen, existiert Schmerz für sie nicht. Das hingegen tut er für uns und für viele andere Tiere.

Intelligenz

Zu entscheiden, inwiefern beziehungsweise wie Tiere denken, ist auch deshalb schwer, da nicht genau festgelegt ist, was wir mit »denken« meinen. Unser Begriff vom Denken stammt aus dem menschlichen Dasein, und selbst da ist er vage, jedoch hinreichend klar, um in der Alltagssprache von uns ohne nennenswerte Missverständnisse verwendet zu werden. Wenn Sie mich fragen: »Woran denken Sie?«, werde ich nicht überlegen, was Sie in den Ausdruck »denken« eigentlich hineinlegen. Problematischer wird es, wenn wir den Ausdruck auf die mentalen Aktivitäten von Tieren anwenden. Wenn ich sage, dass ein Krebs nicht denken kann, ist unklar, was ich meine. Die Frage lautet: *Wozu* genau ist er meiner Behauptung nach nicht in der Lage? Selbstverständlich kann der Krebs selbst einfache mathematische Aufgaben nicht lösen wie: »Was ist die Summe aus 5 plus 7?« Er kann auch nicht lesen oder schreiben. Ist das Verfügen über solche Fähigkeiten dasselbe wie zu denken? Diese Aktivitäten sind Beispiele für Denken, allerdings gibt es Menschen ohne diese Fähigkeiten, denen wir dennoch die Fähigkeit zum Denken zuschreiben, sogenannten Wolfskindern zum Beispiel.[56] Ein be-

kanntes Beispiel ist »Der Wilde von Aveyron«, der
am 9. Januar 1800 aus dem Wald bei Saint-Sernin in
Frankreich kam. Er war etwa 12 Jahre alt, konnte
nicht sprechen, verrichtete seine Notdurft ohne Vor-
ankündigung im Stehen und riss sich die Kleider vom
Leib, sobald man ihm welche anzog. Victor, wie der
Junge späterhin genannt wurde, biss auch häufig
Menschen, die ihm zu nahe kamen. Zu den Menschen
in seinem Umfeld entwickelte er keine anderen Beziehungen als die einer Art Werkzeug, die seine primä-
ren Bedürfnisse erfüllen konnten. Victor war ein pri-
mitiver Mensch, dennoch würden die meisten dazu
neigen, ihn als denkend zu bezeichnen. Da müssen
wir uns die Frage stellen, ob es im Hinblick auf den
Ausdruck von Denktätigkeit einen prinzipiellen Unterschied zwischen Victor und den Tieren gibt, mit
denen zusammen er im Wald aufgewachsen war. Den
scheint es nicht zu geben. So haben wir den Begriff
Denken mit ins Tierreich übernommen – wie weit hinein sollen wir ihn jedoch mitnehmen? Dass Muscheln nicht denken können, ist ziemlich unumstrit-
ten. Indessen ist es mehr als wahrscheinlich, dass alle
Säugetiere es können, ebenso alle Vogelarten und einige Kopffüßlerarten. Grundlage für diese Behauptung ist unter anderem, dass sie über die Fähigkeit
zur Problemlösung sowie zur Variation ihres Verhaltens, entsprechend den Umständen, verfügen. Diese
Fähigkeiten haben Muscheln nicht. Dazwischen gibt
es eine enorme Vielfalt, und es ist mehr als zweifel-

haft, ob es uns irgendwann gelingen wird, eine klare Grenze zwischen den Denkenden und den Nichtdenkenden des Tierreichs zu ziehen. Deshalb müssen wir mit einer vagen Grenze leben; sie ist das Beste, was wir haben.

Überzeugende Gründe sprechen dafür, dass viele Tiere denken, jedenfalls Säugetiere und einige andere Arten, jedoch besteht auch guter Grund zu der Behauptung, dass sie keine Sprache haben. Die wenigen ausgiebig trainierten Individuen – zum Beispiel der Schimpanse Washoe und der Gorilla Koko –, die über eine gewisse Fähigkeit zur Verwendung von Zeichen verfügen, können wir außen vor lassen, auch wenn ich, wie bereits erwähnt, bezweifle, dass es angemessen ist, ihnen die Fähigkeit zur Sprache, im üblichen Verständnis von Sprache, beizumessen. Meine Meinung ist vielmehr, dass im Tierreich viel Denken stattfindet, auch außerhalb der Klasse dieser wenigen Individuen. Dieses Denken findet ohne die Sprache als Medium, in irgendeinem nichtsprachlichen Medium, statt. Für uns ist es schwer, Nennenswertes über die Art dieses Mediums zu erfahren, denkbar ist jedoch, dass es sich beispielsweise um eine Art mentale Bilder handelt.

Beobachtet man Schimpansen beim Versuch, eine Lösung für ein Problem zu finden, sehen sie aus, als würden sie grübeln, vor allem dann, wenn dieses Problem im Zusammenhang mit Futter steht. Wie bereits erwähnt, wissen wir nicht, *wie* sie denken, naheliegend ist jedoch die Annahme, dass sie in ihrem Inneren Objekte vor sich sehen, die sie auseinandernehmen und wieder zusammensetzen können, sie in einem mehrdimensionalen inneren Raum bewegen und sie vergleichen können, vielleicht wie in einer Art Film. Es wird vermutlich kaum jemals möglich sein, eine solche Hypothese zu überprüfen, weshalb wir uns mit der Aussage begnügen müssen, dass es denkbar ist, dass es so ist. Der Inhalt solcher Bilder oder Filme wäre nicht zwangsläufig in normale Verbalsprache übersetzbar. Die meisten werden zustimmen, dass sich auch der Inhalt eines Gemäldes mitunter nicht in normaler Sprache ausdrücken lässt, und ebenso könnte auch der mentale Inhalt eines Tieres nicht direkt in die übliche Sprache übersetzbar sein. Über eine solche nichtsprachliche Dimension des Denkens verfügen auch wir Menschen, weshalb es möglich ist, dass wir die nichtsprachlichen Gedanken eines Tieres teilen können. In diesem Fall ist die Sprache kein »universales Medium des Verstehens«, wie unter anderem der deutsche Philosoph Hans-Georg Gadamer behauptet.[57] Nun muss natürlich eingeräumt werden, dass das Verstehen des Menschen im Wesentlichen durch die Sprache erfolgt. Soll Intelligenz als die Fähigkeit zur Problemlösung verstanden werden, gibt es keinen eindeutigen Grund, dass dies eine Sprachfähigkeit erfordert. Ganz im Gegenteil sind solche Fähigkeiten zur Problemlösung bei einer Reihe von Arten zu finden, bei denen es keinen Grund dafür gibt, ihnen eine Sprache zuzuschreiben.

Es ist schwer, die Intelligenz unterschiedlicher Tiere miteinander zu vergleichen, aus dem einfachen Grund, weil nicht klar ist, welchen Standard man zur Einschätzung von Intelligenz verwenden soll. Was »intelligent« ist, muss vermutlich in Relation zum Umfeld des einzelnen Organismus beurteilt werden, und Tiere haben höchst unterschiedliche Umfelder. In groben Zügen dreht sich das Problem darum, dass es keine neutralen Standards gibt. In Ermangelung eines solchen Standards gibt es nichts anderes als vergleichende Einschätzungen, und diese Einschätzungen setzen gewisse Rahmen voraus, die dem Wesen einiger Tiere besser angepasst sein werden als dem anderer. Es gibt keinen unstrittigen richtigen Standard für Intelligenz, weshalb unterschiedliche Tiere in Abhängigkeit des zugrunde gelegten Standards als mehr oder weniger intelligent betrachtet werden können. Im Hinblick auf ihre Fähigkeit zur Lösung eines bestimmten Aufgabentyps können wir immerhin zwei Arten vergleichen und herausfinden, dass die eine Art das viel besser macht als die andere. Diese Fähigkeit genau diesen Aufgabentyp zu lösen, ist indessen keine neutrale Größe. Sie kann in der Lebensform einer Art oder Rasse zentraler sein als bei einer anderen.

Wir haben keinen anderen Standard für Intelligenz als den menschlichen, und müssen ausgehend von diesem Standard etwas als mehr oder weniger intelligent beschreiben. Wie der Standard genau ausgeformt werden muss, ist eine andere Sache – es steht zum Beispiel nicht fest, ob IQ eine zweckmäßige Einheit ist. Auch menschliche Intelligenz hat viele Dimensionen, von der Lösung mathematischer Aufgaben bis hin zur Ausführung praktischer Tätigkeiten. Unabhängig davon ist, dass unser Begriff von Intelligenz aus dem mentalen Leben des Menschen stammt – von dort nehmen wir unsere Vorstellung darüber, was es überhaupt heißt, intelligent zu sein. Jemand könnte behaupten, »Intelligenz« bedeute etwas vollkommen anderes, wenn man über andere Arten als den Menschen spricht, wobei das Äußern dieser Behauptung durchaus erlaubt sein muss, jedoch muss dabei gleichzeitig darauf hingewiesen werden, dass die Betreffenden nicht wissen können, wovon genau sie sprechen, weil auch sie keine andere Vorstellung von Intelligenz haben können als jene, die aus unserem Bewusstseinsleben stammt.

Um die Intelligenz von Tieren zu beurteilen, besteht das übliche Vorgehen der Wissenschaft darin, den Tieren praktische Aufgaben mit variierendem Schwierigkeitsgrad zu geben, um dann zu sehen, in welchem Ausmaß das Tier in der Lage ist, die Aufgabe ohne Hilfe des Menschen zu lösen. Das ist jedoch kein unproblematisches Vorgehen. Bei solchen Tests schneiden beispielsweise Wölfe für gewöhnlich besser ab als Hunde, jedoch ist nicht sicher, ob Wölfe in der

Tat intelligenter sind als Hunde. Wölfe versuchen die Aufgaben eigenständig zu lösen, während sich Hunde in höherem Ausmaß für Hilfe an den Menschen wenden. Allerdings ist es auch eine Art von Intelligenz, andere dazu zu bringen, ein praktisches Problem für einen zu lösen. Generell bin ich geneigt zu sagen, dass meine Haustiere geschickter sind, mich zu dressieren, als ich, sie zu dressieren. Selbstverständlich habe ich sie in einem gewissen Ausmaß dressiert, sodass sie beispielsweise stubenrein sind, jedoch haben sie mich dressiert, mein Dasein rund um ihre Bedürfnisse zu organisieren, also nachzusehen, ob sie Hunger haben, einen Spaziergang oder Streicheleinheiten brauchen, und ich habe meine Wohnung für sie passend eingerichtet. Vielleicht sollte Intelligenz deshalb besser pragmatisch gemessen werden, indem wir schauen, ob das Verhalten des Tieres – sei es selbstständig oder mittels Hilfestellung – zu dem von ihm gewünschten praktischen Ergebnis führt.

Ein Tier, das wegen seiner Intelligenz berühmt wurde, war ein Pferd namens Kluger Hans.[58] In der Literatur fungiert es als ein ständig wiederkehrendes Beispiel dafür, dass wir uns dahingehend täuschen lassen zu glauben, dass Tiere über weitaus raffiniertere mentale Fertigkeiten verfügen, als es nachweisbar ist. Dem Klugen Hans wurden Fähigkeiten zugeschrieben, unterschiedliche, verblüffend hochgeistige Aufgaben zu lösen, unter anderem aus den Bereichen

Arithmetik, Lesen und Buchstabieren. So war er zum Beispiel in der Lage, die Fragen »Was ist die Summe aus 7 plus 5?« und »Wenn der neunte Tag des Monats ein Mittwoch ist, welches Datum ist dann am Samstag?« zu beantworten. Ebenso konnte er Fragen beantworten, die auf einen Zettel geschrieben waren, den er zu lesen bekam. Der Besitzer des Klugen Hans, Wilhelm von Osten, war Mathematiklehrer und Pferdedresseur. Weil das Pferd immer mehr Berühmtheit erlangte, beriefen deutsche Bildungsbehörden eine Untersuchungskommission mit 13 mutmaßlich kompetenten Mitgliedern ein. Diese Kommission schlussfolgerte 1904, dass in das aufsehenerregende Tun des Klugen Hans keinerlei Form von Betrug involviert war. Einige Jahre später untersuchte indessen der Psychologe Oskar Pfungst die Sache erneut und setzte dabei auf kontrolliertere Versuche. Dabei zeigte sich, dass der Kluge Hans auch dann die richtigen Antworten gab, wenn andere und nicht sein Besitzer die Fragen stellten, gleichzeitig zeigte sich jedoch auch, dass er nur dann richtig antwortete, wenn sein Besitzer die Antwort wusste. Nähere Untersuchungen ergaben, dass das Pferd auf kleine und kleinste Bewegungen seines Besitzers reagierte, deren Ausführung sich dieser selbst nicht bewusst war. Wenn der Kluge Hans auf die Frage »Was ist die Summe aus 7 plus 5?« zwölf Mal mit dem Huf aufstampfte, geschah dies nicht aus dem Grund, weil er tatsächlich addieren konnte, sondern weil er in der Lage war, die kleinen, unbewussten Bewegungen seines Besitzers zu registrieren. Es wäre nicht nur beeindruckend, sondern auch ungeheuer überraschend, wenn ein Pferd die Fähigkeit besäße, eine arithmetische Aufgabe wie »7 + 5 = 12« zu lösen, aus dem einfachen Grund, weil sich das Leben und die Interessen eines Pferdes nicht um so etwas drehen. Eine Lehre, die wir aus dem Beispiel des Klugen Hans ziehen können, ist, wie wichtig es ist, dort, wo es möglich ist, kontrollierte Versuche durchzuführen. Ein Aspekt, der jedoch viel zu selten benannt wird, ist, wie faktisch beeindruckend das war, was das Pferd getan hat: Es konnte winzig kleine, unbewusste Bewegungen seines Besitzers deuten und diese in Trampeln mit dem Huf umsetzen, was an sich Ausdruck einer nicht unbedeutenden Intelligenz ist.

Tauben, die dahingehend trainiert werden, sind in der Lage, in gewissem Ausmaß zwischen Bach und Strawinsky zu unterscheiden, allerdings sind sie nicht sonderlich geschickt darin.[59] Hingegen sind sie verblüffend gut darin, zwischen Bildern von Picasso und Monet zu unterscheiden.[60] Nicht nur das: Als den Tauben Bilder von Braque, Matisse, Cézanne und Renoir gezeigt wurden, platzierten sie Braque und Matisse bei Picasso sowie Cézanne und Renoir bei Monet. Aus kunsthistorischer Sicht eine durchaus treffliche Entscheidung. Hingegen haben wir nicht die entfernteste Ahnung, *was* genau die Tauben in diesen Bildern auffassen, das ihnen diese Differenzierung zwischen den Malern ermöglicht. Beinhaltet die Differenzierung, dass die Tauben über die Fähigkeit zur Begriffsbildung verfügen? Das hängt davon ab, welche Anforderungen man stellt, damit jemand sagen kann, einen Begriff zu haben. Menschen können zweifellos Objekte sortieren, ohne eigentlich Begriffe für diese Objekte zu haben. Wir können zum Beispiel eine Person auffordern, Teile ausrangierter Computer zu sortieren, und sie anlernen, alle Platinen auf einen Haufen zu legen, ohne dass diese Person einen Begriff davon hat, was eine Platine ist. Auf der anderen Seite können wir sagen, dass die betreffende Person faktisch einen Begriff von einer Platine *hat*, dieser jedoch primitiv ist und aus folgenden Charakteristika besteht: »Flache, für gewöhnlich grüne Platte mit einer dünnen Schicht aus Kupferverbindungen, die zu unterschiedlichen Teilen der Platte führen.« Das ist ein Begriff von einer Platine, der keinerlei Verständnis für die Funktion einer solchen Platte in einem Computer beinhaltet, aber dennoch ein Begriff von einer Platine ist. Wenn eine solche Fähigkeit zu differenzieren ausreichend ist, um Begriffe zu haben, ist es angemessen, den Tauben eine Begriffsfähigkeit zuzuschreiben, auch wenn wir den Inhalt der Begriffe nicht erahnen, die die Differenzierung zwischen unterschiedlichen Malern ermöglichen. Wenn eine solche Fähigkeit zur Differenzierung ausreichend ist, um Begriffe zu haben, folgt daraus auch, dass Sprache keine notwendige Bedingung ist, um Begriffe zu haben, zumal ähnliche Fähigkeiten zur Differenzierung bei einer Reihe von Tieren beobachtet werden können, die keine Sprache haben.

Die Fähigkeit zum Lernen ist ein Hinweis auf Intelligenz, und Lernen erfolgt in hohem Maße durch Imitation, die im Tierreich weit verbreitet ist. Das finden wir nicht nur bei Menschen und anderen Primaten, sondern auch bei Tieren mit äußerst begrenzten Erkenntnisfähigkeiten, wie Insekten. Dabei handelt es sich um eine günstige evolutionäre Strategie, da die häufig imitierten Individuen über günstige Eigenschaften verfügen. Individuen mit einem weniger günstigen Verhalten werden in geringerem Ausmaß imitiert, aus dem einfachen Grund, weil sie früher sterben. Man kann beispielsweise eine Angstreaktion imitieren, obwohl es auch ererbte Angstreaktionen gibt. Ein Beispiel für eine imitierte Angstreaktion ist die Angst von Rhesusaffen vor Schlangen. Eine solche Angst findet man nur bei Affen, die in Freiheit aufgewachsen sind, nicht jedoch bei Affen, die in Gefangenschaft aufgewachsen sind. Die Erklärung ist, dass in Freiheit lebende Affen eine solche Angstreaktion lernen, indem sie das Angstverhalten anderer Affen imitieren. Imitation basierend auf Beobachtung findet man auch bei einer Reihe von Arten außerhalb der Welt der Säugetiere. Ein gut dokumentiertes Beispiel für ein angelerntes Verhalten, das sich ausgebreitet hat, sind die Blaumeisen in Großbritannien, die lernten, Milchflaschen zu öffnen. Erstmals wurde das in einem kleinen Dorf an der Südküste beobachtet, wo eine Blaumeise ein Loch in die Versiegelung am Deckel einer Milchflasche pickte und somit Zugang zu der nahrhaften Milch bekam. Danach stellten die Einwohner fest, dass dies bei immer mehr Milchflaschen vorkam, und im Laufe der darauffolgenden Jahrzehnte verbreitete sich die Praxis in ganz Großbritannien und sogar bis hinüber aufs Festland.

Menschen lehren einander alles Mögliche. Lernen findet auch bei vielen anderen Arten statt, nicht zuletzt indem jüngere Individuen die erfahreneren nachahmen, seltener ist jedoch, dass ein Individuum für ein anderes die Rolle des Lehrers übernimmt. Ein Beispiel ist eine Hundemama, die den Welpen das Treppensteigen beibringt, indem sie vorangeht und vormacht, wie es geht, um dann zusammen mit den Welpen erneut hinauf- und hinunterzugehen. Ein deutlicheres Beispiel sind erwachsene Erdmännchen, die jungen Erdmännchen beibringen, wie sie Skorpione töten, wobei es den Anschein hat, dass sie den Schwierigkeitsgrad dem Alter des jeweiligen Schülers anpassen, sodass sie sich zuerst an Skorpionen versuchen, mit denen leicht fertigzuwerden ist, weil der Giftstachel entfernt ist oder Ähnliches, um sich anschließend immer herausfordernderen Gegnern zuzuwenden.[61] Das Lehrer-Schüler-Verhältnis gibt es also nicht nur bei Menschen; erneut fällt jedoch auf, was für eine enorme Variation es in all dem gibt, was Menschen lernen und weitergeben. Auf dem Lehrplan der

Erdmännchen steht lediglich ein Fach: Skorpione töten. Es gibt auch andere Arten mit entsprechendem »Schulbesuch«. Hauskatzen schleppen lebendige Vögel und Nagetiere an, damit sich die Katzenjungen daran üben können. Schwertwale bringen ihren Jungen Schritt für Schritt bei, wie sie an Strände gleiten, um Robben zu fangen, und anschließend wieder ins Wasser hinausgelangen. Delfine entlassen von ihnen gefangene Fische in die Freiheit, damit sich die Jungen in ihrem Fang üben können. Auch wenn es durchaus weitere Beispiele gibt, handelt es sich um ein relativ seltenes Phänomen. Zudem muss unterstrichen werden, dass auch Katzen, Orcas und Delfine lediglich ein Schulfach haben. Mit der Sprache als Medium können Menschen in weitaus größerer Breite, Schnelle und Präzision lernen und lehren.

Ausgehend von den Erfahrungen, die sie machen, bilden sich neben uns Menschen auch andere Tiere Auffassungen von der Welt. Einzelne Tiere besitzen auch die Fähigkeit zu räsonieren, aus der bereits gemachten Erfahrung weiterführende Schlussfolgerungen zu ziehen. Indessen sind wir Menschen allein mit der Fragestellung: »Ist der Beleg für Auffassung X ausreichend, um Grund zu der Annahme zu haben, dass X wahr ist?« An dieser Stelle muss jedoch eingeräumt werden, dass sich Menschen verblüffend oft genau diese Frage nicht stellen und krampfhaft an ihren Auffassungen festhalten, selbst wenn im Grunde wenig für und viel gegen diese Auffassung spricht.

Menschen verfügen zumindest über die Fähigkeit, sich diese Frage zu stellen – was bei Tieren nicht der Fall ist. Da sollten wir uns die Frage auch stellen, wenn wir erwägen, ob Tiere denken und sich selbst erkennen können.

In einem Spiegel, in einem Rätsel

In Paulus' Erstem Brief an die Korinther (13,12) heißt es: »Jetzt schauen wir in einen Spiegel und sehen nur rätselhafte Umrisse.« Es muss hinzugefügt werden, dass Spiegel zur Zeit Paulus' polierte Metallflächen waren, die ein weitaus weniger präzises Spiegelbild lieferten, als moderne Spiegel es tun, aber auch das, was uns in den kristallklaren Spiegeln begegnet, kann für uns alles andere als klar sein. Wer ist eigentlich diese Person, die mich von dieser Fläche aus anstarrt? Man bekommt diese Person nicht unbedingt gut zu fassen. Dieses Selbstverhältnis, wenn ich versuche, mich selbst zu begreifen, ist sprachlich vermittelt. Deshalb ist die Sprache notwendig, nicht nur, um meine Gedanken anderen gegenüber zu kommunizieren, sondern auch, um sie mir selbst gegenüber zu kommunizieren. Wie Kant schreibt: »Wir bedürfen der Wörter, um nicht allein andern, sondern uns selbst verständlich zu werden.«[62] Das gelingt uns keineswegs immer, aber dennoch könnten wir selbst ohne eine Sprache niemals ein Rätsel für uns sein. Für die meisten von uns ist es wohl so, dass dieses Rätsel im Laufe der Tage, die uns auf der Erde bleiben, niemals ganz gelöst wird. Eines ist für mich indessen klar, und zwar, dass *ich* es bin, den ich im Spiegel sehe.

Der Spiegeltest zum Selbstbewusstsein wurde in den 1970er Jahren von dem amerikanischen Psychologen Gordon Gallup entwickelt und besteht darin, dass unterschiedlichen Individuen eine Markierung auf die Stirn aufgemalt wird, ohne dass sich die Betreffenden darüber im Klaren sind, und sie anschließend vor einen Spiegel gesetzt werden. Es wurde angenommen, dass, wenn ein Organismus über die Fähigkeit zum Selbstbewusstsein verfügt, er sich selbst im Spiegel identifiziert und folglich versteht, dass er einen Farbklecks auf der Stirn hat. Das wird er zeigen, indem er den Farbklecks untersucht und eventuell versucht, ihn abzuwischen. Menschen bestehen den Spiegeltest ab einem Alter von 18 Monaten. Auch manche Schimpansen und Orang-Utans bestehen ihn. Die Mehrzahl von ihnen jedoch nicht.[63] Weiterhin muss darauf hingewiesen werden, dass viele Schimpansen, die den Spiegeltest zu einem Zeitpunkt bestehen, dies zu einem späteren Zeitpunkt nicht tun.[64] Ab dem vollendeten 15. Lebensjahr lässt die Fähigkeit von Schimpansen, den Spiegeltest zu bestehen, beträchtlich nach, ohne dass genau bekannt ist, warum. Es ist umstritten, inwieweit Gorillas, Elefanten, Delfine, Schwertwale, Elstern oder Tauben ihn bestehen. Ein weiteres Problem des Spiegeltests ist, dass beispielsweise Schimpansen ihre Stirn im Allgemeinen sehr häufig berühren. In einem Experiment, in dem untersucht wurde, wie oft Schimpansen mit einem Punkt auf der Stirn selbige berühren, wenn sie *nicht* vor einen Spiegel gesetzt werden, fiel die Berührungsquote etwas geringer aus als mit Spiegel, jedoch war der Unterschied nicht sonderlich stark.[65] So gesehen kann ein Spiegeltest leicht zu falschen positiven Ergebnissen führen. Ein größeres Problem ist vielleicht die Wahrscheinlichkeit für falsche negative Ergebnisse. Wir können nicht sagen, dass es Tieren, denen der Spiegeltest misslingt, an Selbstbewusstsein fehlt. Der Test an sich kann für sie derart fremd sein, dass der Spiegel sie nicht ausreichend interessiert, um ihre Aufmerksamkeit zu erregen. Vielleicht gibt es auch artspezifische Gründe dafür, dass sie nicht in den Spiegel schauen wollen. Das ist zum Beispiel bei Gorillas der Fall, die Blickkontakt gern vermeiden und es daher für sie wenig verlockend ist, in einen erwiderten Blick in den Spiegel zu starren.

Hunde und Katzen bestehen den Spiegeltest nicht einmal annähernd. Was Hunde betrifft, ist das vielleicht nicht sonderlich verwunderlich. Hunde orientieren sich vor allem am Geruch, gefolgt von Tönen, und erst an dritter Stelle folgt das Sehvermögen. Da ein Spiegel nach nichts riecht, hat der Hund nicht großartig Grund, sich dafür zu interessieren. Blicken junge Hunde in einen Spiegel, führen sie sich manchmal so auf, als würden sie einen fremden Hund sehen, stellen sie jedoch fest, dass kein Geruch vorhanden ist, verlieren sie das Interesse. Ältere Hunde kümmern sich für gewöhnlich überhaupt nicht um Spiegel. Im Bereich des Geruchs unterscheiden sie hingegen zwischen sich selbst und anderen. Gehe ich mit meiner Hündin Gassi, zeigt sie kaum irgendein Interesse für Stellen, die sie selbst markiert hat, während die Markierungen anderer Hunde ungeheuer interessant sind. Hunden gelingt es auch leicht, zwischen sich selbst und allem anderen zu unterscheiden. Luna hat noch nie ihren eigenen Fuß mit einem Knochen verwechselt. Den eigenen Schwanz zu jagen, gewöhnen sich Hunde ganz schnell ab, wenn sie einsehen, dass er ein Teil ihres eigenen Körpers ist. Jagen erwachsene Hunde ihren Schwanz, ist das häufig ein Zeichen dafür, dass mit ihnen nicht alles so ist, wie es sein sollte.

Wie verhält es sich mit Menschenkindern, bestehen sie den Spiegeltest? Wie bereits erwähnt, bestehen sie den Test nicht vor dem vollendeten 18. Lebensmonat. Es gibt indessen große kulturelle Unterschiede. In einer Studie wurden Kinder aus Kenia, Fidschi, Grenada, St. Lucia, Peru, den USA und Kanada verglichen. Während man mit ihnen spielte, wurde bei Kindern im Alter von drei bis fünf Jahren unbemerkt ein Aufkleber auf der Stirn platziert, anschließend ließ man sie für dreißig Sekunden sich selbst in einem Spiegel betrachten. Im Ergebnis entfernten 84 Prozent der Kinder aus den USA und Kanada den Aufkleber. Müssen wir daraus schlussfolgern, dass es den übrigen 16 Prozent der Kinder an Selbstbewusstsein fehlte? Das sollten wir wohl kaum tun. Die Ergebnisse aus den anderen Ländern fielen eindeutig schwächer aus: St. Lucia (58 Prozent), Grenada (52 Prozent), Peru (51 Prozent), Kenia (1 Prozent) und Fidschi (0 Prozent). Sollen wir daraus folgern, dass nur die Hälfte der Kinder in St. Lucia, Grenada und Peru über Selbstbewusstsein verfügt und dass es Kindern in Kenia und Fidschi komplett fehlt? Definitiv nicht. Das teilt uns vielmehr mit, dass Kultur, Umgebung und Erfahrung eine entscheidende Rolle dabei spielen, wie man mit einem solchen Test umgeht.[66] Des Weiteren wissen wir, dass es erwachsene Menschen gibt, die allem Anschein nach über Selbstbewusstsein verfügen, in einem Spiegel jedoch ihr eigenes Gesicht nicht erkennen. In den ernsthaftesten Fällen dieses Leidens namens Prosopagnosie fehlt den Patienten nicht nur die Fähigkeit, die Gesichter von Familienmitgliedern und Freunden zu erkennen – sie sind nicht einmal in der Lage, ihr eigenes Gesicht zu erkennen. Alles in allem bin ich geneigt zu meinen, dass der Spiegeltest recht wertlos ist als »Beweis« dafür, ob eine Person oder eine Art über die Fähigkeit zum Selbstbewusstsein verfügt oder nicht.

Tiere, die den Spiegeltest bestehen, zeigen, dass sie in der Lage sind, eine Verbindung zwischen dem Spiegelbild und dem eigenen Körper herzustellen, was keine zu unterschätzende Angelegenheit ist. Dennoch ist es etwas seltsam, den Spiegeltest als Beweis für Selbstbewusstsein zu betrachten. Schauen

Sie mich an, dann sehen Sie meinen Körper, und schauen Sie in einen Spiegel, dann sehen Sie ihren eigenen Körper. Dieser Körper kann *Anzeichen* von Bewusstsein aufweisen, Selbstbewusstsein ist jedoch keine *Sache*, die beobachtet werden kann. Wäre sie es, dann könnten wir Fragen beantworten wie: Wie breit ist das Bewusstsein? Wie hoch? Wie viel wiegt es? Und vielleicht: Welche Farbe hat es? Die Absurdität dieser Fragen zeigt uns deutlich, dass das Bewusstsein eben keine Sache ist.

Für Immanuel Kant machen Selbstbewusstsein, Vernunft und Sprache die entscheidende Trennung zwischen Mensch und Tier aus.[67] Er meint, dass Tiere definitiv Vorstellungen haben, dass sie sich in der Welt orientieren und dass sie ihr Verhalten in Übereinstimmung mit diesen Vorstellungen ändern.[68] Die Sicht auf Tiere als bloße Automaten, wie wir sie bei Descartes finden, weist er strikt zurück. Wie bereits gesagt, verfügen Tiere aber nicht über die Fähigkeit zum Selbstbewusstsein, die Fähigkeit zur Introspektion, zudem ist ihr Bewusstsein darauf begrenzt, ein Bewusstsein über die Welt außerhalb des Tieres zu sein. Seiner Meinung nach kann das Tier durch innere Zustände wie Schmerz und Hunger zu Verhalten bewegt werden, es kann jedoch nicht seinen Schmerz oder Hunger zum Objekt des Bewusstseins machen.

Das menschliche Selbst ist, wie Søren Kierkegaard es formuliert, ein Verhältnis, das sich zu sich selbst verhält, es verhält sich jedoch auch zu anderen

Selbsts, die sich zu ihren eigenen Selbst verhalten.[69] Wir besitzen die Fähigkeit darüber nachzudenken, was andere über uns denken und uns gegenüber empfinden, und es hat eine Bedeutung für uns, wie andere uns einschätzen. Es ist nicht anzunehmen, dass irgendein anderes Wesen als der Mensch über ein solches Selbst verfügt, verstanden als Verhältnis, das sich selbst gegenüber verhält. Für uns ist das Tier ein Rätsel, wohl aber kaum für sich selbst.

Die Zeit

In Brief 124 an Lucilius schreibt der römische Philosoph Seneca, dass die Tiere in einem ewigen *Jetzt* leben, unlösbar mit dem verbunden, was ihren Sinnen in der Gegenwart präsentiert wird.[70] Seiner Behauptung nach kann ein Pferd einen Weg wiedererkennen, wenn es sich auf dem Weg befindet, steht es jedoch im Stall, hat es keine Erinnerung an den Weg. Die Vergangenheit sei nur dann zugegen, wenn das Pferd in der Gegenwart an irgendetwas daraus erinnert wird, während die Zukunft für es niemals zugegen sei. Eine weit verbreitete Auffassung in dem, was Philosophen über Tiere schreiben, lautet: Der Lebensmodus des Tieres ist eine permanente Gegenwart.

In ähnlicher Weise schreibt der französische Philosoph Henri Bergson, dass ein Hund, der seinen Besitzer wiedererkennt und dies mit Schwanzwedeln und Bellen anzeigt, dies nicht tut, weil er ein Bild aus der Vergangenheit abruft.[71] Der Grund dafür ist seiner Ansicht nach, dass der Hund voll und ganz in der Gegenwart aufgeht und nur der Mensch über die Fähigkeit verfügt, sich von der Gegenwart zu befreien. Eine Frage, die sich da meldet, ist, wie er sich darin so sicher sein kann? Dass Tiere über eine Erinnerung verfügen, mitunter eine verblüffende Erinnerung, die in mancherlei Hinsicht die menschliche übersteigt, ist gut dokumentiert. Die Fähigkeit von Schimpansen, Zahlenreihen zu erinnern, übersteigt beispielsweise die der Menschen.[72] Selbstverständlich ist hier von Schimpansen die Rede, die darin trainiert wurden, jedoch übertreffen sie Menschen, die ebenso ein Training erhalten haben. In einem Experiment, bei dem Zahlen von 1 bis 9 in einer zufälligen Reihenfolge auf einem Bildschirm angezeigt werden und bei dem man anschließend in der richtigen Reihenfolge auf die Zahlen drücken soll, benötigen Schimpansen bei jeder Zahl weitaus weniger Belichtungszeit als Menschen. Sie sind auch in der Lage, die Reihenfolge der Karten in einem Kartenspiel in höherem Ausmaß zu erinnern, als menschliche Gedächtnisexperten dies können. Sie scheinen über ein fotografisches Gedächtnis sowie eine große mentale Kapazität zu verfügen. Wir können nicht sagen, in welcher Weise genau sich die Vergangenheit im Bewusstsein der Tiere geltend macht, *dass* sich die Vergangenheit aber bei ihnen geltend macht, scheint unbestreitbar.

Dass viele Tiere auch über eine Art Zukunftsvorstellung verfügen, zeigt sich darin, dass sie die Fähigkeit besitzen, das Verhalten sowohl ihrer Artgenossen als auch anderer Tiere vorauszusehen. Es gibt unterschiedliche Erklärungen dafür, wie sie dazu in der Lage sind, wobei einige Theorien voraussetzen, dass sie in der Lage sind zu verstehen, was im Bewusstsein anderer Tiere vor sich geht, während andere Theorien bloß behaupten, die Tiere hätten gelernt, dass einem bestimmten Typ Verhalten gern ein anderer Typ folgt. Ich selbst tendiere mehr in Richtung der letztgenannten Erklärung. Ungeachtet dessen ist klar, dass Tiere Ereignissen vorgreifen. Sie erwarten, dass etwas passieren wird, und sie können Enttäuschung zeigen, wenn es nicht passiert. Jeder Hundebesitzer kennt es, dass der Hund enorm erfreut ist, wenn das Herrchen seine Schuhe anzieht, weil es möglicherweise bedeutet, dass ein gemeinsamer Spaziergang ansteht, und dass der Hund entsprechend niedergeschlagen ist, wenn das Herrchen dann alleine durch die Tür geht. Umgekehrt kann der Hund regelrecht niedergeschlagen sein, wenn das Herrchen seine Schuhe anzieht, weil es bedeuten kann, dass es geht und der Hund alleine zu Hause bleiben muss, um dann von Freude erfüllt zu werden, wenn das Herrchen die Hundeleine hervorholt. Sie können auch frühere Erfahrungen in ihrem Bewusstsein festhalten. Ohne eine frühere Erfahrung, dass das Hervorholen der Hundeleine besagt, dass ein Spaziergang ansteht, hätte das Tier beim Hervorholen der Hundeleine auch keine Erwartung hinsichtlich eines baldigen Spaziergangs. Auch die Erfahrungen des Tieres beinhalten mehr als das, was den Sinnen im Hier und Jetzt faktisch dargeboten wird, und ist dadurch charakterisiert, dass sie frühere Erfahrungen in Anspruch nehmen und zukünftigen vorgreifen.

Ein faszinierendes Beispiel für die systematische Planung der Zukunft ist Santino, ein Schimpansenmännchen aus dem Furuvikspark in Schweden.[73] Wie so viele andere Schimpansen in Gefangenschaft hatte Santino eine starke Abneigung gegen die Besucher des Tierparks. Es ist nicht ungewöhnlich, dass Schimpansen in Gefangenschaft Gegenstände, gern Exkremente, auf die Besucher werfen. Santino war mit der Planung jedoch gründlicher als die meisten anderen Schimpansen: Früh am Tag, bevor die Besucher kamen, ging er umher und sammelte Steine ein, die er zu Haufen aufstapelte. Als später die Besucher kamen, bombardierte er sie mit dieser Munition. Ein interessanter Aspekt ist, dass er beim Einsammeln der Steine vollkommen ruhig war und hingegen wütend, wenn er sie warf. Nach und nach erweiterte er die übliche Steinmunition mit Betonklumpen, die er aus dem Gehege herausbrach. Aus Sicht der Tierparkbetreiber war das wenig wünschenswert, sodass man anfing, vor Eintreffen der Besucher die aufgetürmten Steinhaufen zu entfernen. Santinos Lösung bestand darin, an verschiedenen Stellen Verstecke aus Heu zu errichten, um die Steine dort hineinzulegen. Als die Guides anfingen, die Besucher wegzuleiten, wenn Santino Anzeichen von Aggression zeigte, damit sie außer Reichweite seiner Steingeschosse waren, bestand Santinos Lösung darin, vorzugeben, ein friedlicher Schimpanse zu sein, der den Besuchern regelrecht freundlich begegnete, um, sobald sie in seiner

Reichweite waren, zu explodieren und sie mit Steinen zu bombardieren. Santinos Zielgerichtetheit beeindruckt. Letztendlich entschieden die Verantwortlichen des Tierparks Santino zu kastrieren, um sein Hormonniveau zu dämpfen und ihn friedlicher zu machen. Er wurde zu einem mehr verspielten, leicht beleibten Schimpansen. Die Frage ist, wie wir Santinos Verhalten verstehen sollen. Was ging während dieses Prozesses in seinem Bewusstsein vor sich? Dass er für die Zukunft plante, ist klar, weil er mit dem Einsammeln der Steine etwas tat, was seinem gegenwärtigen Selbst nicht von Nutzen war, lediglich dem zukünftigen. Ein solches Verhalten finden wir auch bei anderen Arten, die zum Beispiel Nüsse für die Wintersaison sammeln. Indessen weist Santino in seinem Verhalten eine so große Flexibilität auf, indem er zum Erreichen des Ziels große Veränderungen in der Vorgehensweise vornimmt, dass es fast unvermeidbar ist, dies als einen zielgerichteten Denkprozess zu betrachten, der mit Vorstellungen über zukünftiges Verhalten verbunden ist.

Hunde und andere Tiere können sich an frühere Ereignisse und Menschen, zu denen sie eine Verbindung hatten, erinnern, *wie* sich jedoch die Vergangenheit im mentalen Leben eines Hundes geltend macht, ist eine andere Sache. Kann ein Hund Ereignisse aus der Vergangenheit vor sich sehen, vor einem inneren Auge? Das zu sagen, ist unmöglich, da wir, wie bereits erwähnt, nicht in das Innenleben eines

Hundes hineinsehen und beobachten können, was dort vor sich geht. Beobachten können wir hingegen, dass Hunde etwas haben, das wie Träume erscheint, wo sie winseln, knurren und sich bewegen. Dasselbe gilt für Katzen. In Versuchen, bei denen man den Mechanismus im Gehirn außer Gefecht setzte, der Bewegung während des REM-Schlafs verhindert, hoben die schlafenden Katzen den Kopf, so als sähen sie Dinge, sie rauften sich und schlichen sich an Beute heran.[74] Es ist naheliegend, das als äußere Zeichen eines inneren, mentalen Zustands zu deuten. Jedoch wissen wir nicht, wie sie träumen. Da Katzen so auf den Sehsinn orientiert sind, ist naheliegend zu glauben, es sei in Form von Bildern. In Anbetracht dessen, wie stark die Sinneserfahrung von Hunden mit dem Geruchssinn verbunden ist, ist es nicht undenkbar, dass sie während des Träumens riechen. Und Wale oder Delfine: Ist ihr Traumleben vor allem mit dem Gehör verbunden? Wir wissen auch, dass Zitteraale träumen, wie aber träumen sie? Wenn Tiere in ihrem Traumleben mentale Repräsentationen oder Vorstellungen haben, so wie es bei uns der Fall ist, ist es nicht undenkbar, dass sie im Wachzustand auch mentale Repräsentationen ihrer Vergangenheit haben. Jedoch gibt es hier viele »Wenns«. Außerdem ist vollkommen offen, welche *Art* von Vorstellungen sie eventuell haben.

Offenkundig ist, dass Tiere sich erinnern, wo sie zu einem früheren Zeitpunkt Futter gefunden haben.

Nicht nur das: Sie scheinen sich auch zu erinnern, was sie wo finden können, und da ist von recht avancierten mentalen Operationen die Rede. Über eine solche Fähigkeit verfügen zum Beispiel Vögel. In einem Experiment bekamen Westliche Buschhäher Würmer und Erdnüsse, die sie verstecken konnten.[75] Ein wesentlicher Unterschied zwischen Würmern und Erdnüssen ist, dass Würmer sich relativ schnell zersetzen und ungenießbar werden, während die Erdnüsse über einen langen Zeitraum hinweg verzehrbar sind. Unterdessen haben diese Vögel eine klare Präferenz für Würmer anstatt für Erdnüsse. Als die Vögel einige Stunden nachdem sie das Futter versteckt hatten danach suchten, holten sie zuerst das Lieblingsfutter, die Würmer, und anschließend die Erdnüsse. Fünf Tage später war die Situation hingegen eine andere: Die Westlichen Buschhäher machten sich nicht einmal die Mühe, nach den Würmern zu suchen, die zu diesem Zeitpunkt ungenießbar geworden waren, und begaben sich direkt zu den Stellen, wo sie die Erdnüsse versteckt hatten. Das bezeugt teils eine Art Verständnis für die Haltbarkeit verschiedener Arten von Futter und teils eine Erinnerung daran, was sich wo befindet. Solche Experimente liefern Anlass, den Vögeln eine recht gute Erinnerung zuzuschreiben, jedoch sagen sie nicht viel darüber aus, wie es für den Westlichen Buschhäher ist, eine solche Erinnerung zu haben, ob er zum Beispiel von dem, an was er sich erinnert, ein Bewusstsein in Form mentaler Bilder hat.

Wir wissen also nicht, *wie* Tiere Vergangenheit und Zukunft erleben. Was wir hingegen wissen, ist, dass sich die Zeiterfahrung von Tieren unterscheidet. Für uns Menschen geben 24 Standfotos pro Sekunde, wie es bei einem üblichen analogen Film der Fall ist, den Eindruck einer zusammenhängenden Bewegung. Für eine Taube würde es hingegen wie eine Serie von Standfotos aussehen, weil sie ihre visuelle Wahrnehmung in einer weitaus höheren Frequenz aktualisiert als wir. Auch Hunde haben eine höhere Frequenz als Menschen, aber eine geringere als Vögel. Das ist durchaus ein wichtiger Grund dafür, dass es meiner Hündin nie gelingt, einen Vogel zu fangen, wie sehr sie es auch versucht. Die Vögel haben immer einen Vorsprung der visuellen Wahrnehmung. Am anderen Ende der Skala finden sich die Schnecken, die Ereignisse nur dann voneinander unterscheiden können, wenn zwischen ihnen mehr als eine Viertelsekunde vergeht. Wedelt man achtmal pro Sekunde mit einem Stock vor einer Schnecke, wird diese lediglich einen stillstehenden Stock sehen.

Die Fähigkeit des Menschen zur Sprache gibt der Zeit in seinem Leben eine andere Rolle, als es im Leben der Tiere der Fall ist. Es gibt keinen Grund zu der Annahme, dass andere Tiere als wir in der Vergangenheit *verweilen*, und kein anderer als wir verfällt ab und an in Nostalgie. Meine Hündin liegt kaum in Gedanken daran versunken da, wie gemütlich wir es an dem Wochenende im vergangenen Herbst im Wo-

chenendhäuschen hatten, als draußen das Unwetter
wütete und sich drinnen vom Kamin her die Wärme
ausbreitete. Sie liegt auch jetzt nicht da und freut
sich auf die nächste Tour zum Wochenendhäuschen,
und sie macht keine Pläne, den leckeren Knochen
wieder auszugraben, den sie einige Meter von der
Hütte entfernt verbuddelt hat. Wir Menschen hingegen leben in großem Ausmaß in der Vergangenheit sowie in der Zukunft, und indem wir beide in Anspruch
nehmen – wer wir waren und wer wir werden – füllen
wir die Gegenwart mit Sinn. Dennoch macht sich die
Vergangenheit im Leben der Tiere eindeutig bemerk-
bar, zum Beispiel, wenn ein Hund seinen Besitzer
wiedererkennt, nachdem sie lange Zeit getrennt waren.

Ein bekanntes Beispiel dafür aus der Literatur ist
Odysseus' Wiedersehen mit seinem Hund Argos,
nachdem er zwanzig Jahre auf Reisen war, zuerst
zehn Jahre im Trojanischen Krieg und anschließend
zehn Jahre, um nach Hause nach Ithaka zu gelangen.[76] Während Odysseus' Abwesenheit hatten mehrere Bewerber sein Haus übernommen und seiner
Frau Penelope den Hof gemacht. Odysseus will in aller Heimlichkeit nach Hause zurückkehren, um mit
den Freiern abzurechnen, weshalb er sich als Bettler
verkleidet. Als er sich seinem Zuhause nähert, sieht
er seinen Hund Argos verlassen auf einem Haufen
Tierexkremente liegen, voller Flöhe und zu einem
Schatten seines einst starken Selbst geworden. Im
Gegensatz zu allen anderen, darunter einem alten

Freund, erkennt Argos Odysseus sofort, er senkt die Ohren und wedelt mit dem Schwanz, ist jedoch zu schwach, aufzustehen und seinem einstigen Besitzer entgegenzulaufen. Odysseus seinerseits kann nicht zu dem Hund gehen, um ihn zu streicheln, weil dies seine Identität entlarven würde, daher geht er vorbei, während eine Träne aus seinem Auge rinnt, dann stirbt Argos.

Kann man Tiere verstehen?

Die philosophische Tradition, die sich der Erklärung
dessen widmet, was das Verständnis des Menschen
von der Welt charakterisiert, die Hermeneutik, ist
durchweg nicht an Tieren interessiert. Die meisten
Tierbeschreibungen von Hermeneutikern – in dem
Ausmaß, wie sie Tiere überhaupt erwähnen – legen
Zeugnis davon ab, dass sie wenig Erfahrung mit und
in noch geringerem Umfang ein Verständnis für Tiere haben. Die meisten von ihnen würden wohl behaupten, Tiere könnten nicht verstanden, nur erklärt
werden.

Die Trennung zwischen verstehen und erklären
wird vor allem auf den deutschen Philosophen Wilhelm Dilthey (1833–1911) zurückgeführt. Er behauptet, dass wir die Natur *erklären* und das Seelenleben *verstehen*, wobei das Erstgenannte zu den
Naturwissenschaften gehört, während sich die Geisteswissenschaften des Letztgenannten annehmen.[77]
Das Objekt der Geisteswissenschaften, der Geist, ist
nicht nur als etwas Inneres gegeben. Er bekommt
auch einen *äußeren Ausdruck*, zum Beispiel, wenn jemand etwas mit Worten oder Gesten ausdrückt, ein
Instrument spielt oder Farbe auf eine Leinwand auf-

bringt. Dilthey beschreibt dies als den *sich objektivie-renden Geist*. Diese äußeren Ausdrücke unterscheiden sich von dem, was wir beobachten, wenn wir reine Naturphänomene betrachten, weil sie *Zeichen* eines *inneren Lebens* sind. Dilthey zufolge sind die Objekte der Naturwissenschaften »stumm«, weil sie sich nicht an uns richten, während die Objekte der Geisteswissenschaften sinntragend sind. Menschliche Handlungen und Aussagen haben *Sinn*, während eine chemische Reaktion oder ein Orkan das nicht haben. Problematisch wird Diltheys Trennung hingegen, wenn wir von Tieren anstatt von Steinen oder Bäumen sprechen, da Tiere ein expressives Leben haben. Tiere drücken Gefühle wie Freude, Wut, Liebe, Traurigkeit und so weiter aus, wie es auch ein Großteil der Kunst tut. Selbstverständlich muss eingeräumt werden, dass es Unterschiede zwischen dem Ausdruck von Menschen und anderen Tieren gibt, das verhindert jedoch nicht, dass wir auch bei Tieren äußere Ausdrücke für ein inneres Leben finden. Da sollte man doch glauben, dass dies zum Gegenstand von Verständnis, und nicht nur von Erklärungen, gemacht werden kann.

Verständnis besteht Dilthey zufolge aus einem *Wiedererleben* des Gedankengangs eines anderen, und ist dies besonders intensiv, nennt er es ein *Wiederfühlen*. Ein solches Wiedererleben müsste seinen Ausgangspunkt immer in äußeren Zeichen nehmen, die als Zeichen eines inneren Lebens gedeutet werden.

Man muss viel über den Absender annehmen, um sie oder ihn zu verstehen, faktisch um überhaupt zu verstehen, dass es überhaupt etwas zu verstehen gibt. Man muss annehmen, dass der Absender tatsächlich etwas ausdrückt, ansonsten würde man nicht verstehen, dass es überhaupt etwas zu verstehen gibt. Anschließend muss man verstehen, welche Art von Konventionen dem Ausdruck zugrunde liegen – man muss zum Bespiel verstehen, dass eine bestimmte Geste in einem gegebenen Zusammenhang dieses und jenes bedeutet. Anschließend muss man Kenntnis von der Situation haben, in der der Ausdruck auftritt. Das bedeutet, dass man viel verstanden haben muss, bevor man überhaupt anfangen kann, etwas zu verstehen. Dilthey zufolge können wir andere Menschen verstehen, weil wir dasselbe »Wesen« wie sie haben. Weil wir nicht dasselbe »Wesen« wie die Tiere haben, können wir sie folglich nicht verstehen. Die Lebensäußerungen von Tieren sind daher kein Deutungsobjekt.

Verständnis wohnt bei Dilthey immer eine Gefühlsdimension inne, weshalb er betont, der Deutende müsse »Sympathie« für das Objekt haben. Diese Sympathie reicht indessen nicht weiter als bis zu anderen Menschen. Dilthey setzt also schlichtweg voraus, und wohl zu Unrecht, dass es im mentalen Leben der Tiere nichts zu verstehen gibt.

Dilthey hatte Darwins Texte studiert und war mit dem Prinzip der Anpassung vertraut. Er war jedoch

der Meinung, dass es einen entscheidenden Unterschied in der Anpassung des Menschen und der des
Tieres gibt, indem die Anpassung des Menschen diesem eine Form von Kontrolle sowohl über die eigenen Instinkte als auch über die äußere Natur gebe,
während das Tier nichts anderes tun kann, als den
Instinkten zu folgen. Dem Tier fehle es an einem Zentrum für sein Bewusstsein, weshalb es äußeren Umständen voll und ganz ausgesetzt sei. Im Gegensatz
zum Menschen könne das Tier deshalb niemals seine
eigene Lebensgeschichte erschaffen und irgendeine
subjektive Meinung ausdrücken. Dilthey behauptet,
sich vorgenommen zu haben, das Leben an sich zu
deuten, und dass sich die lebende Erfahrung in Zeichen ausdrückt, allerdings hatte er dabei nur das
Menschenleben und die menschlichen Zeichen im Vi-
sier. An einer Stelle schreibt er zwar, dass »die Struktur und Artikulation des Lebens überall ist, wo psy-
chisches Innen auftritt, sonach in der ganzen Tier- und
Menschenwelt dieselbe«, geht dem jedoch nicht
nach.[78]

Bei Hans-Georg Gadamer verhält es sich genauso
wie bei Dilthey, und es ist auffällig, dass sich das
Nachschlagewort »Tier« im umfassenden Register
seines Hauptwerks *Wahrheit und Methode* (1960)
nicht findet. Für Gadamer sind Tiere wie Naturphänomene zu betrachten, und alle Naturphänomene
sind lediglich als Wirkungen von Ursachen anzuse-
hen. Da liegt es dann fern, das Verhalten der Tiere als

Ausdruck für Erlebnisse oder als eine subjektive Anwesenheit in der Welt zu verstehen. Nur ein Wesen
mit Sprache kann subjektiven Erlebnissen Ausdruck
geben. Seiner Ansicht nach hat nur derjenige, der
über Sprache verfügt, überhaupt eine Welt. Parado-
xerweise haben Tiere kein Verhältnis zur Welt, weil
sie voll und ganz in der Welt aufgehen. Er schreibt:
»Eine Sprache zu haben bedeutet eben, eine Daseins-
weise zu haben, die sich komplett von der Gebunden-
heit der Tiere an ihr Umfeld unterscheidet.«[79] Die
Sprache ermöglicht einen Abstand zur Welt und deshalb auch ein Verhältnis zu ihr. Die Sprache kann für
uns etwas repräsentieren, selbst wenn es den Sinnen
nicht gegeben ist. Das Tier ist der Umgebung unter-
worfen, während sich der Mensch der Welt gegenüber
orientieren kann. Das Verhältnis der Tiere zur Welt
kann darauf reduziert werden, dass sie eine Quelle
zur Befriedigung subjektiver Bedürfnisse ist, während sich der Mensch einer objektiven Wirklichkeit
gegenüber orientieren kann.

Bei Gadamers Lehrmeister, Martin Heidegger, findet sich eine größere Offenheit dafür, Tiere zum Gegenstand von Verständnis zu machen, auch wenn er
behauptet, dass zwischen dem Tier und dem Menschen ein »Abgrund« besteht.[80] Seiner Meinung nach
können wir uns durch einen Analogieschluss, basierend auf unseren eigenen Erfahrungen und empiri-
schem Wissen über die Tiere, einem Verständnis der
Erfahrungswelt des Tieres nähern. In einer Vorle-

sungsreihe im Zeitraum 1929/30 unterscheidet Heidegger zwischen Steinen, Tieren und Menschen, indem er sagt, der Stein sei weltlos, das Tier weltarm und der Mensch weltbildend.[81] Aus Sicht Heideggers haben Tiere Zugang zu Dingen. Sie können Dinge wahrnehmen und sich ihnen gegenüber verhalten, was ein Stein nicht kann. Deshalb hat das Tier eine Welt, während ein Stein dies nicht hat. Unterdessen haben Tiere, im Gegensatz zu Menschen, keinen Zugang zu Dingen »als solchen«, weil ihrer Erfahrung »die Als-Struktur« fehlt.[82] Jegliche Erkenntnis ist eine Erkenntnis von etwas *als* etwas. »Als« ist der Zusammenhang zwischen »etwas« und »etwas«. Das ursprüngliche Verhältnis zu den Dingen ist ein pragmatisches Verhältnis, wo sie nicht als bloße Dinge erfahren werden, sondern als Dinge, die *für* etwas sind, das heißt Gebrauchsgegenstände.[83] Nun behauptet Heidegger, dieser gebrauchende Umgang mit Dingen sei eine Bedingung, um das Urteil fällen zu können: »Das ist ein Hammer.« Der Gebrauch des Hammers geht dem *darüber Sprechen* voraus. In *Sein und Zeit* (1927) behauptet Heidegger, dass die Rede keine grundlegende Struktur des Menschen ist, sondern ihre Wurzeln vielmehr im Verständnis der Welt hat, das dem *darüber Sprechen* vorausgeht.[84]

Die Rede ist also die Artikulation unseres Verständnisses, näher bestimmt eines Verständnisses, das bereits vorhanden ist, bevor es sprachlich ausgedrückt wird. Jede menschliche Handlung ist für Heidegger immer bereits eine Auslegung. Wenn ich am Morgen aufstehe und meine Hausschuhe anziehe, um die Zeitung zu holen, verwende ich diese Hausschuhe *als* Werkzeuge, um keine nassen oder kalten Füße zu bekommen. Nachdem ich die Zeitung gelesen habe, schlendere ich ins Bad, um zu duschen, und da ziehe ich meine Hausschuhe aus, weil sie nichts sind, *das* nennenswert praktisch ist, um es beim Duschen zu tragen. Diese Handlungen und mein Verhältnis zu den Hausschuhen sind *Auslegungen*. Der Grund, warum es Auslegungen sind, ist, dass ich in beiden Fällen etwas *als* etwas betrachte. Dieses »als etwas« ist das Entscheidende für das Auslegen.[85] Gleichzeitig ist das eine Kritik an der Vorstellung, dass jede Auslegung Sprache beinhaltet, da ich kein einziges Wort gesagt oder gedacht haben muss, während ich mehrere dieser Handlungen durchführe. Wie Heidegger betont, darf aus dem Fehlen der Worte nicht auf das Fehlen der Auslegung geschlossen werden.[86]

Heidegger behauptet nun, dass ein Hund an einem auf dem Boden liegenden Blatt riechen kann, der Hund das Blatt jedoch niemals *als* Blatt erfahren kann, als etwas, das von einem Baum heruntergefallen ist, und dass die Tatsache, dass es von einem Baum heruntergefallen ist, eine neue Jahreszeit ankündigt. Der Hund sieht nicht etwas *als* etwas, sondern befindet sich mit dem Umfeld in einem Kontinuum. Das Tier ist arm an Welt, weil es voll und ganz in der Welt aufgeht. Meine Hündin liegt vor dem Kamin und genießt die Wärme, verhält sich zu dem Kamin jedoch nicht *als* Kamin. Heidegger will sagen: Sie kann niemals einen Abstand zu dem Kamin gewinnen, worin sie erkennt, was einen Kamin zu einem Kamin macht. Weil sie in einem unmittelbaren Verhältnis zu ihnen stehen, werden die Tiere immer von den Dingen »gefangen« sein. Das Sofa sieht der Hund indessen *als* etwas, worauf er liegen kann, den Ball *als* etwas, womit er spielen kann, und das Steak auf der Anrichte *als* etwas, was er fressen kann. Der Hund reflektiert nicht über »das Wesen« des Sofas, des Balls und des Steaks, aber er verhält sich deutend zu seinem Umfeld und im Umgang damit mit einer Art Als-Struktur. Zudem muss eingeräumt werden, dass die wenigsten Menschen einen Großteil ihrer Aufmerksamkeit darauf richten, über »das Wesen« des Sofas, des Balls und des Steaks nachzudenken. Was das »Gefangensein« von den Dingen betrifft, sind viele Tiere nicht mehr gefangen, als dass sie über eine Fähigkeit zu flexiblem Verhalten verfügen, wobei sie ihr Verhalten ändern, wenn sich das Umfeld ändert, ein Werkzeug nicht mehr funktioniert oder Ähnliches. Lange glaubte man, dass nur der Mensch über eine solche Fähigkeit zu adaptivem Verhalten verfüge. Wie aber unter anderem Donald Griffin aufgezeigt hat, wird selbst das, was beim Tier als Routineverhalten erscheint, abhängig von der Situation variiert.[87] Flexibilität ist wichtig, weil sie ein Indikator für Bewusstsein ist. Im selben Grad, wie man wahrnimmt, warum bei einigen Arten überhaupt Bewusstsein entstanden ist, ist es notwendig, weil es ihnen ermöglicht, ihr Verhalten den Umständen entsprechend zu variieren.

Offenkundig erfüllt eine Reihe von Tieren diese Beschreibungen eines deutenden Umgangs mit der Welt, ausgehend von einer Als-Struktur. Den Tieren fehlt hingegen die Sprache, und Heidegger scheint zu meinen, dass sich die Sprachlichkeit des Menschen auch in seinen scheinbar sprachlosen Handlungen geltend macht.[88] Im Verlauf seines Gesamtwerkes rückt die Sprache immer mehr ins Zentrum von Heideggers Philosophie, und je stärker er so etwas wie »die Sprache ist das Haus des Seins« hervorhebt, desto größer wird der Abstand zwischen Mensch und Tier.[89] Unter anderem schreibt er, dass es die Sprache ist, die den Menschen auszeichnet und die wesentlichste Fähigkeit des Menschen ist.[90] Aufgrund seiner Sprache erschafft der Mensch eine Welt. Ich stimme Heidegger zu, dass gerade unsere Sprachlichkeit eine entscheidende Grenze zwischen uns und allen anderen Tieren zieht; das bedeutet jedoch nicht, dass nicht auch die Tiere einen verstehenden und deutenden Umgang mit der Welt haben, den zu verstehen wir versuchen können. Eine solche Perspektive interessiert Heidegger indessen nicht. Über die Vorlesungen von 1929/30 hinaus unternimmt er nur wenige Versuche, in die Welt der Tiere vorzudringen. Vielmehr wird dem Tier im Rest seiner Autorschaft im Großen und Ganzen nur die negative Rolle zuteil, zur Definition des Menschen beizutragen, indem es etwas ist, das nicht genügt, um Mensch zu sein, weil ihm Sprache fehlt.

Weil Tiere im Grunde nicht in einem verstehenden Verhältnis zur Welt stehen, gibt es, Heidegger zufolge, im Leben des Tieres nicht so viel zu verstehen. Indessen finden sich in seiner Philosophie Elemente, die meiner Meinung nach auf unsere Versuche, Tierleben zu verstehen, anwendbar sind. Das gilt zum Beispiel für seinen Begriff der »Befindlichkeit«. Mit dem Ausdruck »Befindlichkeit« will Heidegger beschreiben, wie es ist, sich in dieser Welt *zu befinden*.[91] Man kann sagen: Dabei handelt es sich um eine Antwort auf die Frage, wie es einem geht. Sich in der Welt zu befinden, ist, die Welt als einen Ort zu erfahren, der bedeutungsvolle oder gleichgültige Gegenstände beherbergt. Diese Befindlichkeit hat einen grundlegenden emotionalen Charakter. Die Gefühle sind es, die es ermöglichen, dass bestimmte Gegenstände als bedeutungsvoll erlebt werden und die streng genommen eine Teilnahme an der Welt ermöglichen. Es ist die Befindlichkeit, die es zum Beispiel ermöglicht, dass etwas überhaupt als bedrohlich erlebt werden kann. Gefühle sind für Heidegger nichts rein Subjektives, sondern vielmehr »die Grundart, wie wir ausserhalb unserer selbst sind«.[92] Wenn wir sagen können, dass die Anwesenheit des Tieres in der Welt eine solche gefühlsmäßige, subjektive Dimension hat, dass es ihnen irgendwie *geht*, dann wäre dies die Befindlichkeit des Tieres. Es gibt guten Grund, dem Leben des Tieres eine solche Dimension zuzuschreiben, und dann muss es auch zum Gegenstand für Verständnis gemacht werden können.

Der deutsche Philosoph Max Scheler erhöht das, was er als »Sympathie« bezeichnet, zu einer Form von Verständnis, die er als eine erkennungsmäßige Alternative zu dem objektivierenden Blick in der Tradition Descartes' aufstellt.[93] Wie Scheler es sieht, sollte der Forscher mithilfe seiner Einbildungskraft vielmehr versuchen, die Wirklichkeit des Subjektes, das zu verstehen er sich vorgenommen hat, zu rekonstruieren, anstatt es einzig und allein zu einem Objekt zu reduzieren. Das sollten wir nicht nur tun, wenn wir versuchen Menschen zu verstehen, sondern auch wenn es um Tiere geht, behauptet er. Dann wären wir in der Lage, das *gesamte* Tierreich mit unserem Verständnis und unserer Sympathie zu umarmen. Wir verstehen und fühlen es, wenn wir ein Tier sehen, das Schmerz oder Angst empfindet. Um in der Lage zu sein, die Tiere zu verstehen, müssen wir jedoch unsere sympathischen, intellektuellen Fähigkeiten entwickeln. Wir können sie verstehen, indem wir unsere Aufmerksamkeit auf ihre verhaltensmäßigen und expressiven Zeichen richten, die auf ihren mentalen Zustand hinweisen. Alle Tiere haben eine »Ausdrucksgrammatik«, die zu verstehen wir lernen können, dieses Verständnis setzt jedoch voraus, dass wir sowohl unsere intellektuellen als auch unsere emotionalen Fähigkeiten einsetzen.

Wir sind Zeugen von *Freude*, wenn sich zwei Elefanten nach einer Zeit der Trennung wiedersehen, sie sich drehen, mit den Ohren wackeln und zum Gruß einen charakteristischen polternden Laut von sich geben. Oder was ist mit zwei Schimpansen, die wieder vereint sind und einander umarmen, sich gegenseitig auf den Rücken klopfen und sich in Einzelfällen sogar küssen? Selbstverständlich können wir nicht genau empfinden, was im Gefühlsleben der Elefanten oder Schimpansen vor sich geht, aber mit dem Ausgangspunkt, selbst jemanden wiederzusehen, der uns viel bedeutet, können wir uns diese Gefühle vorstellen.

Höre ich den Klang von Meisen, die die Meisenknödel gefunden haben, die ich für sie in die Kälte gehängt habe, hört sich das wie der Klang hektischer Zufriedenheit an. Ich glaube, sie finden das gut. Die Hündin, die nah am Kamin neben mir liegt, gibt ein paar brummende Geräusche von sich, die ich nicht anders deuten kann, als dass es ihr hervorragend geht. Tiere mit der Fähigkeit zu fühlen, besitzen die Fähigkeit, Wohlbehagen zu empfinden, und sie versuchen, dieses Wohlbehagen zu erreichen, genau wie wir. Um dieses Wohlbehagen zu fassen, braucht man im Grunde nichts anderes, als das Tier zu beobachten, eigene Erfahrungen, Einbildungskraft und Empa-

thie. Ohne sich jedoch Ihrer eigenen Gefühle zu be-
dienen, werden Sie auch nie in der Lage sein, die Gefühle des Tieres zu verstehen.

Die Umwelt

Leben wir in derselben Wirklichkeit wie die Tiere? Der deutsch-estnische Biologe Jakob von Uexküll (1864–1944) führte in Tierstudien den Begriff *Umwelt* ein.[94] Er hob hervor, dass jeder Organismus *seine* Umwelt hat, die sich von derjenigen anderer Organismen unterscheidet. Wir können sagen, dass »Umwelt« die subjektive Wirklichkeit eines Organismus bezeichnet. Stellen Sie sich vor, Sie gehen mit Ihrem Hund spazieren und Ihr Hund hat einen Floh im Fell. Dann sind es drei höchst unterschiedliche Organismen, die sich objektiv betrachtet in derselben Umgebung befinden, jedoch haben sie drei verschiedene Umwelten, weil sie sich gegenüber verschiedenen Teilen dieser Umgebung in unterschiedlicher Weise verhalten. Wir können vielleicht sagen, dass jedes Milieu eine Unendlichkeit an unterschiedlichen, erfahrbaren Welten beherbergt. Uexküll verglich die Umwelten mit Seifenblasen, in denen jeder einzelne Organismus gefangen ist. Die Sinnesorgane unterschiedlicher Organismen können äußerst verschieden sein, während einige enorm scharf sehen können, haben andere überhaupt keine Augen, während einige ultraviolettes Licht sehen können, sind andere farbenblind, während einige ein besonders gutes Gehör haben, zeichnen sich andere durch ihren Geruchssinn aus. Die meisten Tiere haben einen Geruchssinn, eine Ausnahme stellt die aus Walen und Delfinen bestehende Säugetierordnung *Cetacea* dar. Auch wenn Delfine über eine Art Nase verfügen, können sie damit nicht riechen. Auch die Platzierung der Sinnesorgane spielt eine wesentliche Rolle. Das Gesichtsfeld des Menschen beträgt rund 200 Grad, das von Tauben 340 Grad. Damit ist klar, dass sich die Art, wie Menschen ihre Umgebung aufnehmen, stark von der der Tauben unterscheidet, weil wir im Großen und Ganzen das aufnehmen, was sich direkt vor uns befindet, während eine Taube nahezu alles aufnehmen kann, was sie umgibt – woraus sich offensichtlich eine andere Raumerfahrung ergibt. Dafür haben Tauben eine gering ausgeprägte Tiefenwahrnehmung, während unsere ausgezeichnet ist. Tiere halten sich oft auch in unterschiedlichen Bereichen des Milieus auf, einige in der Luft, andere in Bäumen, viele auf dem Boden und wieder andere unter der Erde oder im Wasser. Man kann sagen, dass jeder Organismus seinen eigenen Ausschnitt von der Wirklichkeit hat, dem gegenüber er sich verhält, und dieser Ausschnitt stellt die Umwelt des Organismus dar.

Der Sinn, der sich in der Welt findet, ist ihr von Wesen zugefügt, die in ihr leben und handeln. Die Welt an sich ist sinnlos, und es gibt in der Welt auch keinen neutralen Sinn, weil unterschiedliche Wesen mit

unterschiedlichen Umwelten immer ihren eigenen
Sinn darauf projizieren werden. Es findet sich auch
keine Umwelt für alle Menschen: Wenn ein Jäger, ein
Holzfäller und ein Botaniker in einen Wald gehen,
haben sie drei vollkommen verschiedene Umwelten,
weil der Wald für sie durch äußerst verschiedene
Funktionen definiert ist. Die Umwelt ist durch eine
Reihe von »Bedeutungsträgern« definiert, und diese
sind stark an die Organe gebunden, über die das Tier
zur Wahrnehmung und Interaktion verfügt. Für pri-
mitive Organismen gibt es nur einige wenige Bedeu-
tungsträger. Die Zecke beispielsweise hat nur drei:
(1) den Geruch von Buttersäure, den der Schweiß von
Säugetieren absondert, (2) die Temperatur von 37 Grad
Celsius, derjenigen von Säugetier-Blut, und (3) die
Empfindung von Haut, die nicht komplett von Fell
bedeckt ist. Die Umwelt eines Hundes oder einer
Katze hingegen hat eine große Anzahl von Bedeutungsträgern.

Alle Dinge in der Umwelt eines Organismus sind
durch ihre Funktion definiert; welche Funktion sie
jedoch haben, variiert von Organismus zu Organismus. Ein Objekt ohne Funktion existiert in der Welt
des Tieres eigentlich nicht, zudem kann ein und demselben Objekt in unterschiedlichen Umwelten ein äußerst verschiedener Sinn zukommen. Uexküll bringt
das Beispiel eines Hundes, der darauf trainiert ist,
auf einen Stuhl zu springen und sich hinzusetzen,
wenn er das Kommando »Stuhl« erhält. Nimmt man

den Stuhl weg und gibt dem Hund dieses Kommando, springt er auf etwas anderes, ein Sofa oder einen Tisch, und setzt sich darauf. Für den Hund sind diese Dinge durch ihre Funktion definiert: Sie sind etwas, worauf man sitzen kann. Vieles von dem, was für uns Menschen eine eindeutige Funktion hat, wie eine Gabel oder eine Uhr, ist für einen Hund nichtssagend. Tickt die Uhr laut, wird der Hund das vielleicht bemerken, am wahrscheinlichsten jedoch geht auch dieses Ticken lediglich in den Hintergrundlärm der Umwelt des Hundes ein. Ein Kugelschreiber ist für den Hund kein Schreibgerät, sondern eventuell ein Stöckchen, auf dem man herumkauen kann. Überhaupt gibt es in der Umwelt des Hundes verblüffend viel, was in die Kategorie »etwas, worauf man herumkauen kann« fällt …

Tiere sind *Deuter*. Sie fertigen Ausschnitte von der Welt an und bilden ihre eigene Umwelt. Tiere, die gute Deutungen anstellen, überleben, während Tiere, deren Deutungen schlecht sind, sterben. So gesehen erfüllt Überleben das Kriterium der Zweckmäßigkeit der Deutungen. Tiere sind *Subjekte*. Subjekt zu sein, ist gleichbedeutend damit, Zentrum in einer Umwelt zu sein. Die Erfahrung der Welt ist daher immer eine subjektive Erfahrung. Es gibt nicht ein Buch einer Natur, sondern ebenso viele Bücher, wie es Organismen gibt. Oder zumindest ebenso viele, wie es Arten gibt. Die nun aufkommende Frage lautet daher, wie wir die Umwelt anderer Organismen verstehen können. Uexküll will nicht so weit gehen zu sagen, dass uns die Welt des Tieres vollkommen verschlossen ist, und behauptet, dass das Verhalten des Tieres uns etwas darüber anzeigt, wie seine Umwelt ist, einen anderen Zugang zur Welt des Tieres haben wir jedoch nicht. Für die Arten, die sich am stärksten von uns unterscheiden, wie Seeigel, Zecken und Quallen, beschreibt Uexküll seine Darstellungen ihrer Umwelten auch als Exkursionen in unerkennbare Welten.

Die Sinnesapparate von Delfinen, Kopffüßern und Fledermäusen unterscheiden sich beträchtlich von denen der Menschen, weshalb sie zwangsläufig andere Aspekte der Wirklichkeit aufnehmen als wir. Jegliche Wirklichkeitserkenntnis, auch die menschliche, ist teilweise oder begrenzt. Erkennen wir bestimmte

Seiten der Wirklichkeit, bedecken wir andere. Das verhindert nicht, dass gesagt werden kann, dass wir über eine objektive Erkenntnis der Wirklichkeit, so wie sie ist, verfügen, jedoch haben wir keine totale Erkenntnis davon. Man nehme zum Beispiel die berühmte Zeichnung des Psychologen Joseph Jastrow, die sowohl einen Hasen als auch eine Ente darstellt:

Wir müssen sagen, dass diese Zeichnung eine Ente darstellt, weil Menschen, die wissen, was eine Ente ist, dies als eine Zeichnung einer Ente identifizieren können. Dasselbe trifft auf den Hasen zu. Jeder, der weiß, was ein Hase ist, wird dies als eine Zeichnung von einem Hasen sehen können. Die Erkenntnis der Zeichnung von einem Hasen beziehungsweise einer Ente ist objektiv. Unterdessen ist es unmöglich für uns, die Zeichnung vom Hasen und der Ente *gleichzeitig* zu erkennen. Uns gelingt es jedes Mal nur, bestimmte Aspekte der Zeichnung zu erkennen. Des Weiteren können wir uns auch denken, dass die Zeichnung eine Reihe anderer Objekte repräsentieren kann, ohne dass wir, mit unseren Begrenzungen, sie jemals erkennen können.

Bestimmte Teile der Wirklichkeit werden immer außerhalb unserer Reichweite liegen, weil sie sich außerhalb des Bereichs befinden, den wir mit unseren Sinnen aufnehmen können. Einige dieser Begrenzungen kann man mithilfe von Technologie umgehen, zum Beispiel, indem man eine Wärmebildkamera benutzt, um Infrarotstrahlung zu empfangen, wodurch man Zugang zu einer Sinnesmodalität erhält, die sich bei bestimmten Schlangen, Fischen und Mücken findet, die der Mensch normalerweise jedoch nicht besitzt. Indessen ist es auch denkbar, dass es eine Reihe anderer Sinnesmodalitäten gibt, von deren Existenz wir nicht die geringste Ahnung haben. Tiere mit anderen Sinnesmodalitäten als den unsrigen verhalten sich gegenüber einer anderen Wirklichkeit –, oder eher: einem anderen Ausschnitt der Wirklichkeit – als wir es tun. Die meisten Katzenbesitzer werden darüber gestutzt haben, wie ihre Katze starrend vor einer leeren Wand sitzen kann. Es ist nicht sicher, dass sie auf eine *leere* Wand starrt. Vielleicht ist an der Wand etwas ungeheuer Faszinierendes, was den Sinnen des Besitzers schlichtweg nicht zugänglich ist. Wie Montaigne schreibt:

> Die erste Betrachtung, die ich wegen der Sinnen anstellen will, ist diese, daß ich zweifle, ob der Mensch mit allen natürlichen Sinnen versehen ist. Ich sehe viele Thiere, welche ein völliges und vollkommenes Leben haben, theils aber ohne Gesicht, theils ohne Gehör sind. Wer weiß also, ob nicht auch uns ein, zween, drey, und mehr andere Sinnen fehlen? Denn, wenn irgend einer von denselben fehlt, so kann unsere Vernunft den Mangel nicht entdecken. Die Sinnen haben das Vorrecht, daß sie die Schranken unserer Betrachtung sind. Nichts, außer ihnen, kann uns sie zu entdecken dienen: ja, ein Sinn kann nicht einmal den andern entdecken.[95]

Prinzipiell ist es für uns unmöglich herauszufinden, inwieweit Tiere komplett andere Sinne haben, wie

Montaigne es vorschlägt. Daher ist es auch keine sonderlich fruchtbare These, da sie weder bestätigt noch entkräftet werden kann, jedoch ist es durchaus denkbar, dass es sich so verhält. Was wir sicher sagen können, ist, dass viele Tiere in der Lage sind, mit ihren Sinnen Phänomene wahrzunehmen, die wir mit unseren nicht wahrnehmen können. Zum Beispiel spüren viele Tiere, dass ein Erdbeben oder ein Gewitter bevorsteht. Auf der anderen Seite haben wir Menschen Technologien entwickelt, die so etwas noch früher aufdecken können als die Tiere. In einem Essay aus dem Jahr 1873 beschreibt Friedrich Nietzsche diesen Aspekt deutlich:

> Schon dies kostet ihn Mühe, sich einzugestehen, wie das Insekt oder der Vogel eine ganz andere Welt perzipieren als der Mensch, und daß die Frage, welche von beiden Weltperzeptionen richtiger ist, eine ganz sinnlose ist, da hierzu bereits mit dem Maßstabe der richtigen Perzeption, das heißt mit einem nicht vorhandenen Maßstabe, gemessen werden müßte.[96]

In Platons Dialog *Theaitetos* zitiert Sokrates gegenüber dem Sophisten Protagoras den sogenannten *Homo-Mensura*-Satz: »Er [Protagoras] sagt nämlich, der Mensch sei das Maß aller Dinge, der Seienden wie sie sind, der Nichtseienden, wie sie nicht sind.«[97] Ein solcher Relativismus ist Sokrates zufolge unhaltbar, da es keinen Standard für das geben soll, was existiert und wahr ist, unabhängig von der Auffassung des Menschen von der Sache. Er versucht diese Position unter anderem zu widerlegen, indem er sagt, dass man dann auch meinen müsse, dass auch ein Schwein oder ein Affe das Maß aller Dinge seien.[98] Ein solcher Standpunkt ist indessen nicht so absurd, wie Sokrates annimmt. Es gibt viele Maßstäbe. Der Mensch ist das Maß aller Dinge – jedoch nur für den Menschen.

Zum Tier werden

Wir Menschen können versuchen, die Umwelt eines anderen Organismus zu erfassen. Dabei sollten wir nicht nur Anthropomorphismen verwenden. Wir sollten auch einige Versuche unternehmen, mittels *Theriomorphismus* selbst die Position der Tiere einzunehmen, wobei wir, anstatt den Tieren menschliche Eigenschaften zu geben, vielmehr das Gegenteil tun: Wir geben Menschen tierische Eigenschaften. Sie können versuchen, das Tier zu werden, das zu verstehen Sie sich vorgenommen haben. Sie können versuchen, ein Hund, eine Katze oder ein Kopffüßer zu werden. In dem Versuch, das Tier zu sein, sich wie es zu bewegen und die Welt aus der Perspektive des Tieres wahrzunehmen, erhalten Sie ein größeres Verständnis. Ein glänzendes Beispiel für eine solche Strategie finden wir in dem – milde ausgedrückt exzentrischen – Buch *Der Geschmack von Laub und Erde: Wie ich versuchte, als Tier zu leben* aus der Feder des britischen Veterinärs, Anwalts und Philosophen Charles Foster.[99] Ausgangspunkt war der Wunsch Fosters zu erfahren, wie es ist, ein wildes Tier zu sein. Das Buch ist eine teils enorm amüsante Beschreibung davon, wie er unter anderem sechs Wochen lang versuchte, als Dachs in einem Berg in Wales zu hausen. Unter anderem versuchte er auch als Otter und Fuchs zu leben. Es gibt viel Nacktheit und Kälte in dem Buch. Foster nimmt Insekten, Würmer und auf der Straße überfahrene Tiere zu sich. Mehrere der Tiere, deren Position er einzunehmen versucht, mag er, während er Otter wirklich verabscheut. Selbstverständlich misslingt es ihm, ein wildes Tier zu werden – ein Mensch kann niemals ein Dachs oder ein Otter werden –; allerdings misslingt es ihm in vortrefflicher Weise. Sie selbst können versuchen, sich der Umwelt eines Hundes anzunähern, indem Sie eine Brille aufsetzen, die Ihr Sehvermögen etwas reduziert, und sich auf allen vieren fortbewegen, während Sie auf dem Boden herumschnüffeln. Wollten Sie sich der Aufgabe wirklich verschreiben, müssten Sie womöglich auch die Exkremente anderer Hunde verzehren; das ist freilich weit jenseits dessen, was die meisten von uns bereit sind, auf sich zu nehmen, um das Leben des Hundes besser kennenzulernen.

Selbst wenn Sie versuchen würden, die Aufgabe beherzt anzugehen, würde Ihnen das trotzdem nur höchst begrenzte Einsichten dahingehend liefern, wie es ist, ein Hund zu sein. In einem einflussreichen Artikel aus dem Jahr 1974 stellte der amerikanische Philosoph Thomas Nagel die Frage: »Wie ist es, eine Fledermaus zu sein?«[100] Nagel zufolge können uns die Neurowissenschaften dem Verständnis, wie es ist, eine Fledermaus zu sein, niemals näher bringen, und dasselbe gilt für alle anderen äußeren Beobachtungen. Nichts von unserem Wissen über das Gehirn der Fledermaus kann uns berichten, wie es *ist*, sich mit Echoortung zu orientieren oder zu fliegen. Egal, wie viel Wissen wir aus einer Dritte-Person-Perspektive einholen, wird uns das niemals die Erste-Person-Perspektive liefern. Das objektive Wissen kann uns nicht mitteilen, *wie* es ist, etwas zu erleben, zum Beispiel ein Bier zu trinken. Wir können eine physische Beschreibung des Biers abgeben, wie es in den Mund gelangt, die Signale der Nervenfasern, die weitere Reise des Biers hinab in den Magen und so weiter, das ist jedoch etwas anderes als die Beschreibung des qualitativen Erlebnisses. Das Bier verursacht chemische Veränderungen in den Geschmacksknospen, die elektrische Impulse an das Gehirn weiterleiten. Wenn ich den *Geschmack* von Bier erkenne, ist ein qualitativ neues Element hinzugekommen. Egal, wie genau wir das Gehirn auch untersuchen würden, wir würden nirgends darin den Geschmack von Bier observieren. Das Erlebnis von Geschmack ist der Beobachtung nicht genauso zugänglich wie es die Prozesse des Gehirns sind. Dasselbe trifft auf Schmerzempfindungen und Ähnliches zu. Und es gilt auch für die Echoortung oder das Fliegen.

Nagels Argument ist allerdings nicht ganz so gut, wie er glaubt, und seine Beispiele sind nicht besonders gut ausgewählt. Was das Erlebnis zu fliegen betrifft, gibt es Hängegleiten, Paragliding und nicht zuletzt Wingsuits (Flügelanzüge), die uns das Erlebnis zu fliegen vermitteln können, weil wir faktisch fliegen, wenn wir eine solche Ausrüstung wie eine Flügelprothese als Verlängerung des Körpers verwenden. Es spricht einiges dafür, dass fliegen für eine Fledermaus, bei der dies Teil ihres Normalzustandes ist, sehr anders ist als für den Menschen, der seitens der Natur nicht damit ausgerüstet ist; trotzdem erhalten wir eine Ahnung, eine Erfahrung vom Fliegen. Und die Echoortung? Hier irrt Nagel. Früher verwendeten Seeleute die Echoortung – durch rufen und das Echo vernehmen – in dichtem Nebel oder absoluter Finsternis, um auszumachen, wie weit sie von Land entfernt waren. Blinde Menschen entwickeln mitunter verblüffend gute Fähigkeiten der Echoortung, zudem werden Kurse darin angeboten. Indem man die Augen schließt oder durch die Dunkelheit läuft, und gleichzeitig zum Beispiel Klickgeräusche macht, erhält man einen gewissen Eindruck davon, wie es funktioniert. Sie werden so herausfinden können, ob ein Raum groß oder klein ist. Wir Menschen verfügen zwar über die Fähigkeit zur Echoortung, jedoch ist sie bei den meisten von uns nur geringfügig entwickelt, weil wir im Wesentlichen unsere Augen die Arbeit machen lassen.

Man könnte sich auch vorstellen, dass wir ein Werkzeug entwickelten, wodurch unsere Fähigkeiten zur Echoortung noch besser werden würden, ebenbürtig denen der Fledermaus. Das würde mir jedoch

nicht die Erfahrung einbringen, eine Fledermaus zu
sein, sondern lediglich die Erfahrung, ein Mensch mit
einem Sinnesapparat zu sein, der dem der Fledermaus ähnelt. Die subjektive Erfahrung, eine Fledermaus zu sein in dem Ausmaß, wie eine Fledermaus eine solche Erfahrung hat, wird immer außerhalb
unserer Reichweite liegen. Darin hat Nagel recht. Es
kann jedoch als ein recht banaler Aspekt bezeichnet
werden, der aus nichts anderem als einem Hinweis
darauf besteht, dass Ihr Bewusstsein und das der
Fledermaus nicht ein und dasselbe sind. Ein Bewusstsein kann schlichtweg nicht in ein anderes hin-
überwandern, um es sozusagen von innen zu sehen.
Das Bewusstsein des anderen ist zwangsläufig ein *anderes* Bewusstsein. Das betrifft nicht nur unser Verhältnis zu Tieren einer anderen Art, sondern auch
unser Verhältnis zu anderen Menschen. Das sind auch
andere Erfahrungen, zu denen ich keinen Zugang habe. Ich hätte auch Fragen stellen können wie: »Wie
ist es, ein absolutes Gehör zu haben?«, oder: »Wie ist
es, Synästhesie zu erleben?«

Fest steht jedoch, dass wir bei unseren Versuchen
zu verstehen, wie es ist, eine Fledermaus zu sein, unsere Erste-Person-Erlebnisse durchaus in Anspruch
nehmen können. Indem wir unsere eigene Fähigkeit
zur Echoortung trainieren, können wir behaupten,
einem Verständnis davon, wie es ist, eine Fledermaus
zu sein, zumindest *näher* gekommen zu sein. Um einem solchen Verständnis näher zu kommen, können

wir unsere Einbildungskraft, unsere eigenen Erfahrungen sowie unser Wissen von der Physiologie und dem Verhalten des Tieres nutzen.

Das Leben anderer Tiere überlappt sich mit unserem beträchtlich. Begrenzen wir uns auf die Gruppe der Säugetiere, besteht eine Gemeinsamkeit in der sexuellen Reproduktion, in deren Folge lebendiger Nachwuchs geboren wird, dessen man sich annehmen muss. Es gibt große Ähnlichkeiten in den Bedürfnissen nach Wasser, Essen, Schlaf und nicht zuletzt Luft. Durch elektrische Stimulation der gleichen Bereiche des Tier- und des Menschengehirns werden die gleichen (Gefühls-)Reaktionen hervorgerufen. Bei ähnlichen Abweichungen im Verhalten, wie Zwangshandlungen, findet man im Gehirn von Menschen und Tieren ähnliche Abweichungen. Auf viele Medikamente reagieren Menschen und Tiere gleich und entwickeln bei vielen der gleichen Stoffe eine Abhängigkeit. Die Klasse der Säugetiere ist also durchaus homogen, wobei die kleinsten Arten lediglich einige Gramm und die größten bis zu 160 Tonnen wiegen; ihre Leben sind sehr unterschiedlich. Offenkundig können alle anderen Säugetiere gleichwohl Freude, Traurigkeit, Angst, Wut, Überraschung und Abscheu erleben.[101] Hier ist uns ein umfassendes emotionales Repertoire gemein. Die Gefühlsäußerungen des Menschen unterscheiden sich jedoch von denen anderer Tiere. Man kann sagen, dass die Gefühle der Tiere weniger poliert sind als unsere – sie zeigen sich ohne Filter. Trotzdem sind sie zuverlässig wiedererkennbar. Die Neurophysiologie der Angst ist bei Menschen und Ratten gleich: Die Amygdala – das Zentrum des Gehirns für Gefühle – wird stimuliert und sendet Signale an den Hypothalamus und die Hypophyse, daraufhin werden in großen Mengen Adrenalin und Cortisol freigesetzt, das Nervensystem feuert schneller ab, und die Pupillen weiten sich. Menschen und Ratten fürchten ganz unterschiedliche Dinge; auf einem grundlegenden Niveau sind uns diese Gefühle jedoch gemein – und das ist genau der Grund, warum wir sie bei den Tieren wiedererkennen können. Das ist vermutlich der grundlegendste Aspekt im Verständnis von Tieren: ihre Gefühle wiedererkennen zu können. Und anschließend: zu verstehen, warum sie fühlen, was sie fühlen.

In ähnlicher Weise wie beim Menschen betrachte ich die Gefühle des Tieres als Erkenntnisinstrumente. In Theorien über Gefühle ist es üblich, die folgenden Aspekte hervorzuheben: Gefühle sind *subjektive* Phänomene, die eine *Valenz* haben, das heißt, dass sie positiv oder negativ sind, nicht neutral. Ein Gefühl verfügt über ein *intentionales Objekt* – es dreht sich *um* etwas. Häufig sind Gefühle von verhältnismäßig *kurzer Dauer*, und die Dauer wird von Änderungen der Valenz bestimmt.[102] Gefühle können nicht nur als rein subjektive Ereignisse betrachtet werden, sondern auch als kognitive Instrumente, das heißt, dass sie dazu beitragen, uns etwas über die Wirklichkeit zu vermitteln. Ebenso wie alle anderen Instrumente, die wir zur Erkenntnis der Wirklichkeit verwenden, können uns die Gefühle ein korrektes oder ein fehlerhaftes Bild von der Wirklichkeit liefern, zum Beispiel dahingehend, was eine reale Gefahr für uns darstellt. Da Gefühle auch Erkenntnisinstrumente sind, ist das Verständnis der Gefühle des Tieres teilweise auch ein Verständnis der Wirklichkeitserkenntnis des Tieres, was eine Teilhabe an der Subjektivität und an der Umwelt des Tieres bedeutet.

Sehen können wir lediglich Verhalten, dieses Verhalten kann jedoch mit Sinn gesättigt sein, und diesen Sinn erfassen wir meist ziemlich unmittelbar, wenn wir mit Menschen oder Tieren zu tun haben, die wir gut kennen. Schauen Sie sich das Verhalten einer Hunde-, Katzen- oder Schimpansenmutter an, die sich um ihre Nachkommen kümmert – das Verhalten strotzt vor Sinn, was von einem starken inneren Leben zeugt, und dieser Sinn ist unmittelbar verständlich. Ein anderes Mal, zum Beispiel wenn wir mit Menschen aus einer anderen Kultur zu tun haben, können wir unmittelbar sehen, *dass* das Verhalten einen Sinn hat, es kann jedoch schwer sein, genau zu erfassen, *was* dieser Sinn ist. Rituale innerhalb religiöser Praktiken, die wir nicht kennen, sind ein eindeutiges Beispiel dafür. Es erfordert eine Einfühlung in das, was wir verstehen wollen. Das gilt auch, wenn wir Tiere verstehen wollen. Das Verständnis von Tieren erfordert, dass man sich mit den Tieren umgibt.

Ein Hund, der sich »verbeugt«, drückt eine klare Absicht zu spielen aus – es ist eine Art Einladung zum Spielen, und sie wird unmittelbar von anderen Hunden sowie von Menschen verstanden, die gelernt haben, dieses Verhalten zu deuten.

Wollen wir andere Menschen verstehen, müssen wir das zugrunde legen, was gern als das Prinzip der Barmherzigkeit bezeichnet wird. Das beinhaltet, dass wir diejenigen, die wir verstehen wollen, als angemessen vernünftig betrachten müssen, womit genauer gemeint ist, dass sie Auffassungen von der Welt haben, die den unsrigen einigermaßen ähneln. Ohne eine solche Annahme, bei der wir denjenigen, den wir verstehen wollen, als einigermaßen uns ähnlich betrachten, kann der Verständnisprozess niemals beginnen. Begegne ich einer Person, die eine Sprache spricht, die ich nie zuvor gehört habe, und zeigt diese Person auf ein Glas Wasser, während sie etwas sagt, das sich für mich wie »usjabig« anhört, muss ich annehmen, dass »usjabig« »Wasser«, »Glas«, »Trinken« oder etwas Ähnliches bedeutet. Ich sollte nicht annehmen, dass die Person unter Halluzinationen leidet und »feuersprühender Drache« sagt. Es ist keineswegs sicher, ob »usjabig« »Wasser«, »Glas« oder »Trinken« bedeutet, das werde ich jedoch eventuell später herausfinden. Dennoch muss ich mit der Annahme beginnen, dass die Person Vorstellungen von der Welt und ein Verhalten hat, die auch aus meiner Perspektive Sinn ergeben.

Dasselbe gilt, wenn wir uns vornehmen, Tiere zu verstehen. Wenn meine Hündin, die am frühen Morgen kein Futter bekommen hat, neben ihrem Futternapf steht und mich mit flehendem Blick ansieht, muss ich annehmen, dass sie Hunger hat und Futter haben will. Sie wendet sich mit dem Blick an mich, und wünscht sich eine Reaktion, wobei es in diesem Fall am angemessensten ist anzunehmen, dass die gewünschte Reaktion ein Auffüllen des Futternapfs ist. Wenn ich ins Schreiben vertieft zu Hause in meinem Büro sitze, kommt es vor, dass ich spüre, wie mir eine feuchte, kalte Nase ins Kreuz gestupst wird. Das passiert am häufigsten zu Zeitpunkten, zu denen wir normalerweise einen Spaziergang machen würden, und da ist es naheliegend, das als Ausdruck des Wunsches oder des Bedürfnisses nach einem Spaziergang zu deuten. Wenn wir Tiere verstehen wollen, müssen wir mit dem beginnen, was wir mit ihnen gemeinsam haben. Wenn wir Tiere verstehen, treten wir in die Welt des Tieres ein.

Der Hund

Basierend auf Funden von Hunden, die mit Menschen zusammen begraben wurden, wird für gewöhnlich behauptet, dass der Hund vor rund 14.000 Jahren domestiziert wurde, einzelne archäologische Funde bescheinigen jedoch, dass dieser Prozess, dass Menschen Hunde in ihre Unterkünfte aufnahmen, vor bis zu 36.000 Jahren stattgefunden hat.[103] Hunde, die wir als Haustiere haben, entwickeln sich später als die mit ihnen verwandten Wölfe. Sie öffnen später die Augen, und sie sind auch älter, bevor sie anfangen zu laufen oder sich zu kabbeln. Im Vergleich zu Wölfen liegt es nahe zu behaupten, dass unsere Hunde nie erwachsen werden, und vielmehr ein Leben lang in einem entwickelten Welpenstadium verbleiben. Womit dieser »Welpe« Ihr Leben erfüllt, ist nicht zuletzt Freude. Die Freude, die aus dem Hund nahezu herausstrahlt, wenn er einem Ball hinterherläuft und ihn fängt, bezeugt eine *Wonne* dahingehend auf der Welt zu sein. Jeder Hundebesitzer kennt die Freude, bei der Rückkehr nach Hause mit einer enormen Begeisterung empfangen zu werden. Meine Hündin ist da keine Ausnahme. Lunas Freude äußert sich in Schwanzwedeln, Hochspringen, Schnüffeln und einem tatsächlichen Freudenschrei. Nach dieser ersten Begrüßung pflegt sie ihr Lieblingsspielzeug heranzuholen, damit Piepsgeräusche zu fabrizieren und es vorzuzeigen. Genauso wissen wir, wie niedergeschlagen Hunde beim Anblick eines Koffers sein können, wenn die Ohren herabsinken und der Schwanz es ihnen gleichtut.

Wenn der Hund seinem Besitzer in die Augen schaut, wird im Gehirn des Hundes eine große Dosis Oxytocin freigesetzt. Oxytocin stellt einen entscheidenden Teil der biochemischen Grundlage für das Gefühl der Bindung an andere dar. Der Ordnung halber: Auch im Gehirn des Hundebesitzers wird eine solide Dosis Oxytocin freigesetzt, wenn sie oder er dem Hund in die Augen schaut. Die Steigerung des Oxytocin-Niveaus beim Blick in die Augen des Besitzers ist bei Hunden höher als bei Katzen.[104] Der Unterschied zwischen den Arten ist indessen gleitend. Ich hatte Katzen, die sich stark wie Hunde aufgeführt haben, und ich hatte Katzen, die sich meistens wie Katzen aufgeführt haben, wobei ich die Erstgenannten mehr mochte. Ebenso hatte ich Hunde, die sich wie Katzen aufgeführt haben und Hunde, die sich wie Hunde aufgeführt haben, und auch da mochte ich die Erstgenannten mehr.

Luna hat eine lange Nase, während meine kurz ist. Die Innenseite einer menschlichen Nase hat rund sechs Millionen Rezeptorzellen, während es bei einer Hundenase mehrere hundert Millionen sind, bei einigen Rassen bis zu einer Milliarde. Sie verwenden auch einen weitaus größeren Teil ihrer Gehirnkapazität als wir, um all diese Duftinformationen zu bearbeiten, und sie können, nach allem, was wir darüber wissen, allein durch den Einsatz des Geruchssinns komplexe Vorstellungen von Objekten, Orten und Ereignissen bilden. Aus Perspektive des Hundes ist Ihre Identität vor allem dadurch bestimmt, wie Sie riechen, und erst danach dadurch, wie Sie aussehen und sich anhören. Deshalb ist der Hund bei Ihrer Heimkehr so eifrig darauf bedacht, an Ihnen zu schnüffeln und Ihnen am liebsten das Gesicht zu lecken.

Hunde verfügen über eine schlechte Nahsicht, auf kurze Distanz teilen ihnen Nase und Mund jedoch im Großen und Ganzen alles mit, was sie interessiert. Auch ihre Farbwahrnehmung ist nicht stark entwickelt. Sie sind nicht farbenblind, sehen jedoch kein Rot, und können im Wesentlichen nur Farben im Register von Blau bis Grün sehen. In geringem Ausmaß scheinen sie auch einige Farben anderen vorzuziehen. Sie sehen den Unterschied zwischen einem großen und einem kleinen Haufen Futter und ziehen den großen vor, sehen jedoch nicht so gut den Unterschied zwischen einer Schale mit fünf Leckerli und einer mit nur vier. Hunde interessieren sich nicht dafür, was ein Ding *ist*, sondern dafür, was sie mit dem Ding *machen* können, und das dreht sich in hohem Maße darum, inwieweit man darauf sitzen oder liegen, darauf herumkauen oder es verzehren kann.

Dinge, die sich bewegen, sind für einen Hund interessanter als Dinge, die stillstehen. In geringem Ausmaß zieht der Hund Dinge einer bestimmten Form einer anderen Form vor – das Entscheidende ist, inwieweit das Ding in den Mund hineinpasst oder nicht. Es gibt kaum Grenzen für das, was Luna für verzehrbar hält, Bananen gehören allerdings zu den wenigen Dingen, die in die Kategorie »ungenießbar« fallen. In der Kategorie der genießbaren Dinge stehen Knochen ganz oben auf der Liste. Mache ich jedoch Hundekekse für sie, ist es ihr indessen vollkommen egal, inwieweit sie als Banane oder Knochen geformt sind.

Das schlechte Sehvermögen meiner Hündin verwundert mich oft. Sind wir im Stadtzentrum unterwegs und uns kommt eine Person mit einem Kinderwagen entgegen, zeigt Luna deutlich, dass sie glaubt, ein Hund würde auf uns zukommen, den zu begrüßen sie sich freut. Selbst ich, der ich eine Brille trage, sehe deutlich, dass dies nicht der Fall ist. Wir müssen ziemlich nah herankommen, bis sie sieht, dass es kein Hund ist, und sie das Interesse für das verliert, was in ihr Gesichtsfeld gerät. Wie bereits erwähnt, ist für den Großteil ihrer Erkenntnis der Geruchssinn zuständig. Sind während unseres Spaziergangs andere Mitglieder des Haushalts nach Hause gekommen, merke ich ihr das in dem Augenblick an, in dem wir durch die Tür ins Haus gehen, wo sie die Nase in charakteristischer Weise nach dem bekannten Duft reckt und eifrig darauf aus ist, die Treppe zur Wohnung in der zweiten Etage hinaufzukommen. Bei jedem Schritt, den wir den Flur entlang- und die Treppe hinaufgehen, nimmt für den Hund die Intensität des Geruchs stetig zu, und deshalb weiß sie auch, dass die betreffende Person diesen Weg genommen hat und sich dort befindet, wo die Duftspur endet. Es wirkt nicht gänzlich unangemessen, ihr eine Art Credo dahingehend zuzuschreiben, dass meine Frau Siri oder meine Tochter Iben nach Hause gekommen sind. Ich meinerseits bin bei diesen Anlässen nicht in der Lage, überhaupt auch nur irgendeinen Duft zu registrieren, der besagt, dass Siri von der Arbeit oder Iben aus der Schule nach Hause gekommen ist. Vielleicht wäre ich in der Lage, es zu riechen, wenn ich mich wirklich darauf konzentrieren würde. Trotz allem verfügen wir Menschen über einen weitaus besseren Geruchssinn, als wir es gern annehmen. Zwar befinden wir uns weit unter dem Niveau des Hundes, vor allem was entfernte Gerüche betrifft, wie subtile Spuren einer Person, die sich durch eine Stadtlandschaft bewegt hat, wo sich auch so viele andere Gerüche finden. Was jedoch Gerüche auf kurze Entfernungen betrifft, ist unser Geruchssinn keineswegs so schlecht. Der Hauptgrund dafür, warum Gerüche im Leben von Menschen eine so viel geringere Rolle spielen als im Leben von Hunden, besteht wohl darin, dass unsere Nasen, aufgrund des aufrechten Gangs, so weit vom Boden entfernt sind, auf dem sich so viele Gerüche befinden. Auch wir Menschen könnten uns in unserer Umwelt stärker mittels des Geruchssinns orientieren, wie Hunde es tun, müssten uns dafür jedoch auf alle viere hinunterbegeben und die Nase gegen den Boden drücken.

Der Hund lebt vor allem im Hier und Jetzt, weil er aber derart auf den Geruchssinn orientiert ist, handelt es sich um ein *ausgedehntes* Hier und Jetzt. Der Geruch hängt noch in der Luft. Der Hund kann zwischen einem neuen, frischen Geruch und einem alten, faden unterscheiden. Während ein stärkerer Geruch auf etwas kürzlich Geschehenes hinweist, indiziert ein schwächerer Geruch etwas länger Zurückliegendes. Ein Geruch, der, während man sich fortbewegt, immer schwächer wird, belegt, dass man sich von der Geruchsquelle entfernt, und so gesehen lässt der Geruch Sie in die Vergangenheit hineinschnüffeln. Umgekehrt gibt Ihnen ein immer stärker werdender Geruch Auskunft über etwas Zukünftiges, darüber, was Ihnen begegnen wird, wenn Sie den Weg Richtung Geruchsquelle fortsetzen. Wenn ich von der Arbeit nach Hause komme, fragt Siri mich, wie mein Tag gewesen ist. Meine Hündin fragt nicht, sondern riecht an mir, und das Schnüffeln gibt ihr Auskunft über das, was es wert zu wissen ist: wo ich gewesen bin, mit welchen Menschen oder Tieren ich in Kontakt war und nicht zuletzt, was ich gegessen habe. Das Schnüffeln bestätigt auch, dass wirklich *ich* es bin, der durch die Tür hineingekommen ist. Trifft der

Hund auf der Straße einen anderen Hund, müssen beide gründlich aneinander riechen, weil sie so wahrnehmen, wer der andere ist. Es ist vollkommen unnötig, nachzu*sehen*, ob der Hund vom gleichen oder vom entgegengesetzten Geschlecht ist, denn das haben sie längst gerochen, bevor sie sich in der Position befinden, das Hinterteil des ihnen begegnenden Hundes zu sehen. Im Übrigen können auch wir Menschen eine qualifizierte Vermutung hinsichtlich des Geschlechts anstellen, ohne das Hinterteil des Hundes zu sehen – Weibchen riechen häufig erst am Gesicht des anderen Hundes, während sich männliche Hunde gern direkt ans entgegengesetzte Ende begeben.

Filmaufnahmen, die durch Befestigung einer Kamera an einem Hund gemacht wurden, vermitteln uns einen gewissen Eindruck – wenn auch einen der eher chaotischen Sorte – der visuellen Perspektive des Hundes auf die Welt. Was uns diese Filmaufnahmen nicht liefern, ist das, was für den Hund weitaus wichtiger ist, nämlich der Geruch der Welt. Wenn Sie überhaupt anfangen wollen, sich der Perspektive des Hundes zu nähern, müssen Sie damit beginnen, wiederholt an Dingen zu schnüffeln und bestenfalls daran zu lecken. Und nicht nur an Dingen, sondern auch an anderen Menschen, wobei jedoch die Gefahr besteht, sich damit unbeliebt zu machen. Wenn Sie anfangen, sich Wissen dieser Art über Ihren Hund zu erarbeiten, fangen Sie auch an, ihn zu verstehen, und das heißt, an der Perspektive des Hundes auf die

Welt teilzuhaben, zu verstehen, wie es ist, dieser Hund zu sein.

Das Wort »Ontologie« bezeichnet im Ausgangspunkt die philosophische Lehre darüber, was als Grundlegendstes existiert, in neuerer Zeit wurde die Bedeutung des Wortes jedoch dahingehend erweitert, die Klasse von Dingen zu bezeichnen, die nach Ansicht unterschiedlicher Menschen existieren. So gesehen verändert sich die Ontologie einer Person im Laufe des Lebens, wenn man aufhört, an die Existenz bestimmter Dinge zu glauben, und anfängt, an die Existenz anderer Dinge zu glauben. Zum Beispiel habe ich als Kind an die Existenz des Weihnachtsmanns geglaubt, weshalb der Weihnachtsmann damals ein Teil meiner Ontologie war, was er in meiner gegenwärtigen Ontologie nicht mehr ist. Der überwiegende Teil der Ontologie einer Person ist ein Leben lang stabil, zum Beispiel, dass es Steine, Stühle, Betten, Schuhe, Hosen und Häuser gibt. Eine Ontologie besteht auch aus Dingen, die keine physischen Objekte sind, wie Feiertage und Versprechen. Die Ontologie einer Person besteht kurz gesagt aus allem, dem gegenüber sie sich als etwas Wirkliches verhält. Wir können auch von der Ontologie des Tieres sprechen, und diese besteht aus allem, was das Tier auffassen kann und worauf es ein Verhalten ausrichten kann. Mit Uexkülls Worten besteht die Ontologie des Tieres aus allen Dingen, die sich in seiner Umwelt finden. Damit ist klar, dass sich die Ontologie meiner Hündin recht

stark von meiner Ontologie unterscheidet. So findet
sich in der Ontologie der Hunde nichts, was Sprache
voraussetzt. Sie können immerhin Dinge, die Namen
haben, in ihrer Ontologie haben – »der Ball« oder
»der Vogel«, die Namen einiger ihrer Spielzeuge
sind – und Hunde können eine große Anzahl von Namen lernen. Die Existenz dieser Dinge hängt für den
Hund jedoch nicht davon ab, dass sie solche Namen
haben. Die Ontologie des Hundes beinhaltet auch
keine abstrakten Phänomene, wie mathematische
Verhältnisse, juristische Gesetze, Geld oder Feiertage. Wo meine Ontologie aus einer Unmenge an Objekten besteht, mit denen ich niemals eine Erfahrung
aus erster Hand gemacht habe, sondern nur darüber
gelesen habe, beinhaltet die Ontologie des Hundes
ausschließlich Objekte, die er selbst erfahren hat. Es
ist verlockend zu sagen, dass die Ontologie des Hundes aus physischen Objekten wie Stühlen, Sofas, Vögeln und Würstchen besteht, in diesem Fall aber projizieren wir lediglich unsere Begriffe, unsere eigene
Ontologie, auf den Hund. Besser ist vermutlich eine
grobe Sortierung, ausgehend von der Funktion: Dinge zum Daraufliegen, Dinge zum Daraufkauen, Dinge
zum Fressen und so weiter.

Hunde sind in einem vollkommen anderen Ausmaß
als Katzen Kommunikatoren. Sie sprechen nicht nur
mit uns, sondern auch miteinander. Sie sprechen
auch zu suspekten Gestalten, die vor der Eingangstür
Geräusche machen, und geben ihnen zu verstehen,

doch besser so schnell wie möglich das Weite zu suchen. Einige Wörter erkennt Luna wieder, wie »Luna«, »Iben«, »Mama«, »Platz«, »Nein«, »Tour« und »Futter«. Als sie anfing, beim Klang von »Tour« ungeduldig zu werden, setzte ich auf andere Wörter wie »Runde« und »Gassi«, jedoch lernte sie schnell auch diese zu erkennen. Mein Haupteindruck ist jedoch, dass das Ausschlaggebendste der Ton ist, in dem etwas gesagt wird. Auch der Kontext ist wichtig: Fahre ich Auto und verwende das Wort »Tour«, weckt das keinen Enthusiasmus, und auch dann nicht, wenn ich unter der Dusche stehe. Es muss sich um eine Situation handeln, in der das Spazierengehen eine aktuelle Möglichkeit darstellt.

Auch die Hundewelt hat ihre intelligenten Superstars, die Luna hinsichtlich der Fähigkeit, Wörter zu erkennen, wirklich in den Schatten stellen. Zum Beispiel lernte der Border Collie Chaser innerhalb von drei Jahren 1000 Eigennamen, und alle waren Namen seiner Spielzeuge. Zudem lernte die Hündin drei Verben, ob die Spielzeuge mit dem Mund aufgehoben oder mit der Nase beziehungsweise mit der Pfote geschubst werden sollten. Indessen ist nicht einleuchtend, *was* Chaser gelernt hat. Handelt es sich um eine hochentwickelte Fähigkeit, willkürliche Geräusche mit bestimmten Objekten zu assoziieren, was in jeglicher Hinsicht beeindruckend wäre, oder versteht der Hund, dass jedes dieser Wörter der *Name* eines Gegenstandes ist, was das Ganze auf ein ganz anderes

Niveau heben würde, weil es mit sich führen würde, dass der Hund ein Verständnis für Semantik hätte? Die letztgenannte Alternative ist unwahrscheinlich, und es ist wert anzumerken, dass selbst das weit entfernt von dem ist, was wir für gewöhnlich als eine Sprache bezeichnen. Was bedeutet der eigene Name des Hundes für den Hund? Ebenso wie wir Menschen kommen Hunde in der Regel, wenn wir sie bei ihrem Namen rufen. Katzen tun dies selten. Was bedeutet »Luna« für Luna? Weiß Luna, dass sie einen Namen hat? Wohl kaum. Der Name spielt vermutlich auch nicht die Rolle eines wichtigen Geräuschs, das für gewöhnlich besagt, dass etwas Positives passieren soll. Zumindest hat sie sich gemerkt, dass sie eine positive Reaktion erhält, wenn sie beim Ertönen dieses Namens kommt.

Lunas kommunikatives Register beinhaltet Grunzen (Wohlbehagen), Wimmern (Selbstmitleid oder Schmerz), Unbehagen-Geheul (wie Wimmern, aber schlimmer), Freude-Geheul (am häufigsten beim Wiedersehen mit jemandem, den sie mag, aber auch im Spiel mit anderen Hunden), Knurren (ein seltener Ausdruck von Aggression, aber es kommt vor) und nicht zuletzt Bellen. Das Bellen ist komplex und kann nicht unabhängig von dem Kontext verstanden werden, in dem es auftritt. Sie bellt, um Wut oder Angst zu zeigen, zu warnen, Verzweiflung auszudrücken, zu grüßen, Freude auszudrücken, Aufmerksamkeit zu erhalten und so weiter. Wenn alles, was Sie beim Bellen eines Hundes hören, ein generisches »Bellen« ist, fehlt Ihnen vermutlich ein Stück weit die Tonhöhenempfindung. Bellen umfasst eine Vielfalt an Bedeutungen.

Es finden sich auch viele physische Ausdrücke. Wenn sie gähnt, dann ist das nicht, weil sie sich langweilt, sondern um andere und sich selbst zu beruhigen. Gleichzeitig kommt es durchaus vor, dass sie gähnt, weil sie müde ist. Einen nervösen Hund können Sie beruhigen, indem Sie ihn angähnen. Auch das Schwanzwedeln hat seine Codes. Wird der Schwanz sehr hoch gehalten, sollte man aufmerksam sein. Wird er niedrig gehalten und schnell von einer Seite zur anderen bewegt, bedeutet das für gewöhnlich, dass der Hund sich unterwirft. Nicht zuletzt haben wir das »übliche«, fröhliche Wedeln, das irgendwo zwischen diesen beiden vorab Genannten liegt. Hierbei muss auch die Rasse beachtet werden: Einige tragen den Schwanz hoch, andere niedrig. Hunde kommunizieren auch viel durch Urin und teilen anderen Hunden dadurch mit, wer zuvor an dieser Stelle gewesen ist.

Hunde lernen aus Erfahrungen, so wie wir es tun, und sie erschaffen Verbindungen zwischen verschiedenen Phänomenen. Zum Beispiel hat meine Hündin gelernt, dass das Geräusch des Öffnens einer bestimmten Schublade mit Leckerli verbunden ist. Luna weiß, was sie mag, wie Futter, Gassi gehen und Streicheleinheiten. Ebenso gut weiß sie, was ihr missfällt, wie

Auto fahren, duschen und durch tiefen Schnee laufen. Das zeigt sich deutlich in ihrem Verhalten, wobei
Luna versucht, die angenehmen Dinge zu maximie-
ren und die unangenehmen zu minimieren. Ohne ihr
gewisse Auffassungen und Präferenzen zuzuschreiben, ist solches Verhalten für mich schwer zu verstehen. Ihren mentalen Inhalt stelle ich mir typischerweise als etwas vor, das den Charakter von Bildern
hat. Ich weiß nicht, ob sie Bilder vor sich sieht, so
stelle ich es mir jedoch vor, wie sie sich Dinge vor-
stellt. Wie andere Bilder auch, sagen diese mentalen
Bilder kaum *mehr* als tausend Worte, aber sie sagen
etwas *anderes* als tausend Worte, und genau deshalb
ist es so schwer, mit Worten zu beschreiben, was ein
solcher Gedankeninhalt präziser ausgedrückt sein
soll.

Hunde zeigen nur eine geringe Fähigkeit abstrakt
zu denken. Sie verhalten sich vorrangig zu dem, was
den Sinnen unmittelbar dargeboten wird. Indessen
ist wahrscheinlich, dass Ihr Hund an Sie denken
kann, auch wenn Sie nicht da sind, und er kann Erwartungen an etwas haben, das passieren wird, sodass er nicht einzig und allein an das Hier und Jetzt
gebunden ist. Hunde können nicht an Dinge denken,
die sie noch nie wahrgenommen haben, und es besteht kein Grund zu der Annahme, dass sie in der
Fantasie unterschiedliche Vorstellungen kombinieren
können, zum Beispiel Sie in einem weißen Smoking
vor sich zu sehen, wenn der Hund Sie noch nie in ei-

nem weißen Smoking gesehen hat. Ihr Hund kann nicht Ihre Gedanken lesen. Faktisch hat er kaum Gedanken darüber, dass Sie oder er selbst Gedanken haben. Deshalb kann Ihr Hund Sie auch nicht täuschen oder betrügen, da Täuschung und Betrug voraussetzen, dass man Auffassungen davon hat, welche Gedanken ein anderer hat. Hingegen ist Ihr Hund extrem gut darin, körperliche Zeichen wahrzunehmen, oftmals ungeheuer subtile Dinge, und darauf zu reagieren.

Jeder, der schon einmal einen Hund im Haus gehabt hat, wird bemerkt haben, wie schnell sich der Hund von der eigenen Laune anstecken lässt. Ist man heiter, wird der Hund heiter, ist man gestresst, wird der Hund gestresst, und hat man Angst, kriegt der Hund Angst. Mitunter wirkt es auch so, dass der Hund traurig wird, wenn man selbst traurig ist. Viele Hundebesitzer behaupten, ihre Hunde seien sehr geschickt darin, andere Menschen zu beurteilen, und ich dachte selbst bereits, dass es zumindest vernünftig ist, einer Person mit einer gewissen Skepsis zu begegnen, wenn mein Hund dem Nichtmögen dieser Person wirklich Ausdruck verleiht. Auf der anderen Seite passiert es oft, dass ein Hund nach kurzer Zeit prächtig mit der Person auskommt, die ursprünglich so starken Widerwillen bei ihm geweckt hat. Eine Reihe von Hunden ist generell skeptisch gegenüber Fremden, und Luna gehört dazu, während andere das komplette Gegenteil sind. Alles in allem sollten

wir vermutlich nicht so viel Gewicht auf die angebli-
che Fähigkeit des Hundes legen, die Persönlichkeit
anderer Menschen einzuschätzen. Aller Wahrscheinlichkeit nach hat Ihr Hund etwas an Ihnen bemerkt,
dass Sie beispielsweise die Muskeln anspannen, wenn
auch nur geringfügig, einige Stresshormone abson-
dern, die er riechen kann, leicht zögern, etwas schneller oder etwas langsamer atmen und so weiter. Hunde
besitzen die Fähigkeit, solche Zeichen zu registrieren,
die so subtil sind, dass ein Mensch sie nicht mitbe-
kommen würde, was sie zum Beispiel in Ankläffen
der Person umsetzen, deren Begegnung Ihnen nicht
ganz angenehm ist. Eine Freundin von mir beklagte
sich darüber, dass ihr Hund so »rassistisch« sei, weil
er alle dunkelhäutigen Menschen ankläffte. Es ist
denkbar, dass das Bellen des Hundes von den Reakti-
onen seiner Besitzerin verursacht wurde, wenn diese
auf Menschen mit einer stärker pigmentierten Haut
traf. Das würde meine Freundin wohl energisch zurückweisen, Hunde aber sind, wie bereits erwähnt,
nicht so sehr daran interessiert, was für eine Farbe etwas hat.

Hundebesitzer behaupten oft, ihr Hund würde wissen, wenn er etwas falsch gemacht hat, weil er das ty-
pische »Schuldig-Verhalten« annimmt: Der Schwanz
bewegt sich zwischen den Beinen schnell von einer
Seite zur anderen, die Ohren liegen, nach hinten gewandt, eng am Kopf an, zudem versucht der Hund
gern, sich vorsichtig aus dem Raum zu schleichen. Es

ist keine geringfügige Behauptung zu postulieren, der Hund würde wissen, dass er etwas falsch gemacht hat, da dies impliziert, dass auch Hunde vom Baum der Erkenntnis genascht und gelernt haben, gut von böse zu unterscheiden. Das ist wohl kaum der Fall. Filmt man einen Hund, der etwas »falsch« macht, findet man keinerlei Anzeichen für Schuld und Reue solange der Hund nach dem »Verbrechen« allein ist. Dieses Verhalten entsteht erst dann, wenn der Besitzer dazukommt. Daher ist es auch am wahrscheinlichsten, dass vielmehr die Reaktion des Besitzers Ursache für das Verhalten des Hundes ist, als dass der Hund über ein Bewusstsein verfügt, etwas falsch gemacht zu haben. Eine Bestätigung dafür, dass es wirklich so ist, erhält man, wenn man in einen Raum geht, in dem der Hund überhaupt nichts falsch gemacht hat, wo man sich aber so aufführt, als hätte er etwas falsch gemacht. Die Reaktion des Hundes ist genau die gleiche wie in den Fällen, wo er tatsächlich etwas falsch gemacht hat. Ein Hund, der etwas falsch gemacht hat, weiß nicht, dass er etwas falsch gemacht hat. Das Einzige, was er weiß, ist, dass Ihre Unzufriedenheit sich gegen ihn richtet und es deshalb eine gute Idee ist, sich zurückzuhalten. Dennoch agiert mein Hund immer nach dem Prinzip, dass es leichter ist, Vergebung zu erhalten als Erlaubnis. Zieht man in Betracht, wie klein die Frontallappen von Hunden sind – und wir wissen, dass die neurologischen Bedingungen für die Ausübung von Selbstkontrolle in den

Frontallappen sitzen –, sollten wir nicht allzu große Erwartungen an die Selbstkontrolle von Hunden haben, zumindest dann nicht, wenn unser Blick als Kontrolle von außen fehlt. Vielmehr ist es angemessen, positiv überrascht zu sein, wenn sie tatsächlich Selbstkontrolle ausüben, und nicht allzu aufgebracht zu sein, wenn sie es nicht tun. Was mich persönlich beeindruckt, ist die Fähigkeit von Hunden zum Situationsverständnis und zur Beherrschung, wenn sie zum Beispiel von einem kleinen Kind am Schwanz gezogen werden.

Ihr Hund kann Sie kaum täuschen oder betrügen, wenn wir damit meinen, etwas anderem Ausdruck zu verleihen als dem, was er eigentlich denkt. Hingegen kann Ihr Hund ein Verhalten aufweisen, das so gedeutet werden kann. Meine Hündin ist, wie die meisten Whippeter, eine nahe Verwandte der Prinzessin auf der Erbse. Sie hat eine sehr deutliche Präferenz dafür, sich das Leben angenehm zu gestalten, und eine äußerst begrenzte Toleranz gegenüber allem Unangenehmen. Zu dem, was als »unangenehm« eingestuft wird, gehören Regen und Kälte, worin man ihr soweit zustimmen kann. Gehen wir bei Regen oder Schnee spazieren, kommt es vor, dass sie anfängt zu hinken und den einen Hinterlauf hochzieht. Normalerweise würde ich in diesem Fall annehmen, dass sie Schmerzen in der Pfote hat, und den Spaziergang folglich schnell abbrechen, damit die Pfote Ruhe bekommt. Indessen ist mir aufgefallen, dass sie, nachdem sie zur Verrichtung ihrer Notdurft innegehalten hatte, beim Weiterlaufen noch immer hinkt, allerdings mit dem anderen Hinterlauf. Sie hat anscheinend »vergessen«, in welcher Pfote sie Schmerzen hat. Da ist es naheliegend anzunehmen, dass sie hier versucht mich zu täuschen, um so schneller aus dem Sauwetter raus und nach Hause zu kommen, wo sie es sich in ihrem Körbchen neben dem Kamin gemütlich machen kann. Indessen entspräche das wohl der Annahme, dass der Hund schlauer ist, als seine Fähigkeiten es in Wirklichkeit zulassen. Da müsste der Hund über die Fähigkeit zur sogenannten Metakognition verfügen, darüber nachzudenken, was ich denke; es gibt jedoch wenig Anlass, Hunden eine solche Fähigkeit zuzuschreiben. Eine weitaus einfachere Erklärung ist, dass der Hund sich zu einem früheren Zeitpunkt eine Verbindung zwischen Hinken und einem schnelleren Ende des Spaziergangs gemerkt hat und dass er folglich manchmal hinkt, wenn er den Wunsch nach einer kürzeren Tour hat, ohne auch nur einen Gedanken an meine Gedanken zu verschwenden. Möglicherweise ist es schlicht und einfach so, dass dem Hund erst die eine Pfote und dann die andere wehtut.

Sind Hunde in der Stunde der Not rettende Engel? Einige Hunde sind es. Wir alle haben Geschichten über Hunde gelesen, die Kinder vor dem Ertrinken gerettet haben, andere gewarnt haben, damit sie ihrem Besitzer zu Hilfe eilen und so weiter. Hunde für

Blinde und Gehörlose können eine Reihe von Aufgaben ausführen, um Gefahr von ihrem Besitzer abzuwenden. Es gibt auch Rettungshunde, die Menschen finden, die von einer Lawine verschüttet wurden. Ein amerikanischer Tierfutterhersteller hat eine *Hall of Fame* für »tierische Helden«, die eine außergewöhnliche Großtat vollbracht haben, indem sie einem Menschen das Leben gerettet haben. Fast alle Tiere, die diese Auszeichnung erhalten haben, sind Hunde, aber es sind auch einige Katzen dabei, darunter die taubstumme Katze »Baby«, die das Leben ihres Hausherrn gerettet hat, indem sie dessen Ehefrau geweckt hat, wodurch diese entdeckte, dass ihr Gatte einen Herzinfarkt erlitten hatte. Ich bezweifle nicht alle Erzählungen darüber, wie Hunde Menschen gerettet haben; allerdings können wir auf dieser Grundlage nichts Generelles darüber aussagen, was Hunde typischerweise tun, wenn Sie oder andere Hilfe benötigen, oder warum Hunde das tun, was sie tun. Die Fälle, von denen wir durch die Massenmedien erfahren, sind naturgemäß einseitig. Ich habe noch keinen Zeitungsartikel gelesen mit der Überschrift: »Mann starb, nachdem sein Hund niemanden warnte, als der Mann von einer Stehleiter gefallen war und sich nicht bewegen konnte«.

Würde Ihnen Ihr Hund helfen, wenn Sie in Not sind? Aller Wahrscheinlichkeit nach würde er das nicht, aus dem einfachen Grund, weil er voraussichtlich nicht verstehen würde, dass Sie in Not sind. Um das zu untersuchen, inszenierte man in einem Experiment zwei Szenarien.[105] Im ersten Szenario taten die Besitzer so, als hätten sie einen Herzinfarkt erlitten, wobei der Hund sah, wie sich Frauchen oder Herrchen an die Brust griff, keuchte und »bewusstlos« zu Boden fiel. Im zweiten Szenario fiel ein (für das Experiment aus leichten Materialien hergestelltes) Bücherregal auf den jeweiligen Besitzer, sodass er (scheinbar) auf den Boden gedrückt war, ohne sich bewegen zu können, während er nach Hilfe rief. In beiden Fällen befand sich eine weitere Person in dem Raum, die dem Hund vorab vorgestellt worden war und an die er sich wenden konnte. Anschließend wurden die Hunde sechs Minuten lang beobachtet. Was taten die Hunde? Meistens gingen sie zu ihrem Besitzer und stupsten ihn ein wenig mit der Nase oder mit der Pfote an. Einige Hunde trotteten schlichtweg durch den Raum und schnüffelten in der Gegend umher. Äußerst wenige Hunde gaben Töne von sich oder wandten sich an die anwesende Person, und lediglich ein Hund berührte diese Person – der Hund sprang auf den Schoß der Person und machte ein Nickerchen. Kaum einer der Hunde tat überhaupt etwas, was dem Besitzer hätte helfen können. Die Erklärung lautet kaum, dass die Hunde nicht helfen *wollten*, sondern vielmehr, dass sie nicht *verstande*n, dass ihr Besitzer Hilfe benötigt, weil sie nicht verstehen, was ein Unfall oder eine lebensbedrohliche Situation ist.

Eine Sache freilich fehlt im Design der Studie, und das ist Geruch. Vielleicht würde man ein anderes Ergebnis erhalten, wenn der Hund bemerken könnte, dass sein Besitzer Stresshormone ausschüttet. In diesem Fall könnte man denken, sie könnten riechen, dass der Besitzer in Not ist. Das aber sind nur Spekulationen, und es würde so oder so keine Rolle spielen, wenn der Besitzer, ohne vorab groß etwas zu merken, plötzlich umfallen würde. So etwas zu hören, ist für uns Hundebesitzer vielleicht entmutigend, jedoch kann man einen Hund nicht dafür tadeln, etwas nicht zu verstehen, für dessen Verständnis ihm die Voraussetzungen fehlen. Das wäre dasselbe, als würde man den Hund dafür tadeln, dass er keine Differentialgleichungen lösen kann. Was ist also mit den Situationen, in denen die Hunde durch Bellen oder Ähnliches ihren Besitzern oder anderen geholfen *haben*? Am wahrscheinlichsten ist, dass der Hund die Situation als seltsam oder unangenehm erlebt hat, und so gut er konnte damit umgegangen ist. Es gibt viele glaubwürdige Berichte darüber, wie Hunde Menschen oder anderen Tieren geholfen haben, und diese Berichte sind rührend. Allerdings sind sie rührend, weil sie außergewöhnlich sind. Wir sollten uns nicht zu dem Glauben verleiten lassen, dass dies die Regel ist, nur weil wir wünschten, es wäre so.

Um den Hund zu verstehen, müssen Sie mit dem beginnen, was Ihnen und dem Hund gemein ist. Wollen Sie ihn jedoch wirklich verstehen, müssen Sie auch für all das offen sein, was ihnen nicht gemein ist. Der Hund ist ein Hund und kein Mensch, und Hunde, die von ihren Besitzern in zu hohem Maße wie ein Mensch behandelt werden, sind selten glückliche Hunde.

Die Katze

Wie ist es, eine Katze zu sein? Diese Frage stelle ich mir seit meiner Kindheit, denn eine Katze war das erste Haustier, das wir hatten. Sie hieß Fia und kam als Wildkatzenjunges zu uns. Nach Fia kam Fritjof. Später dann die Burma-Zwillinge Lasse und Geir. Keine von ihnen konnte mir durch den Einsatz gewöhnlicher Verbalsprache jemals mitteilen, wie es war, genau sie zu sein; durch die Geräusche, die sie von sich gaben und die Art, wie sie sich bewegten, teilten sie dennoch viel mit. In all den Jahren, die ich mit diesen Katzen teilte, erfuhr ich *etwas* über ihr Erleben der Welt. Allerdings muss eingeräumt werden, dass es anstrengender ist, Informationen aus einer Katze herauszuholen als aus einem Hund. Das hat nicht zuletzt etwas mit der ausdruckslosen Weise zu tun, in der Katzen einen anstarren, ein breiter Blick, der kein anderes Gefühl zeigt als das, was Sie selbst entscheiden hineinzulegen, was dazu führt, dass die Katze als ein größeres Mysterium erscheint als der Hund. Das ist vermutlich der Grund dafür, dass Katzen in so vielen Erzählungen übernatürliche Fähigkeiten und hinterlistige Pläne zugeschrieben werden.

Es ist schwer, Katzen so zu trainieren, wie man es mit Hunden tut. Sie können lernen, an dem einen Ort zu fressen und an einem anderen Ort eine Kiste mit Sand darin als Toilette zu benutzen. Sie können sich auch selbst etwas beibringen, wie Geir, der herausfand, wie er Türen öffnen konnte, und anschließend genau diese Vorgehensweise nutzte. Man sollte jedoch mit einer extra großen Portion Geduld ausgerüstet sein, wenn man einer Katze beibringen will, auf Kommando herumzurollen oder einen Ball zu holen, den man vorab geworfen hat. Wenn die Katze etwas lernt, ist es verlockend zu sagen, dass das in vielen Fällen auch mit einer Vorstellung von einem Ziel verbunden ist. Weder Lasse noch Geir mochten es, in einem Zimmer eingesperrt zu sein, und es war Geir, der verstand, wie das Problem mittels Klinkendrücken gelöst werden konnte. Um das in einer angemessenen Weise zu erklären, müssen wir annehmen, dass Geir über Präferenzen, Erinnerungen sowie die Fähigkeit zur Anpassung seines Verhaltens verfügte, der Zukunft vorgreifen konnte und so weiter. Um das zu lernen, muss er kurz gesagt über ein recht hoch entwickeltes Bewusstsein verfügt haben. Sprachlich strukturierte Gedanken hatte er nicht, vielleicht aber eine Form von mentalen Bildern. Solche Bilder haben auch wir Menschen, zum Beispiel wenn ich Geir jetzt vor mir sehe, wie er hochspringt und eine Tür öffnet. Nicht alles Verhalten war derart ausgeklügelt, aber es war Ausdruck von Präferenzen und Intentionen. Lasse und Geir verabscheuten Autofahrten, und das nicht enden wollende lautstarke Miauen hatte vermutlich die Absicht, genau das zu kommunizieren, wie schrecklich sie das fanden, damit sie darum herumkamen, was sie im Großen und Ganzen auch taten. Es ist nicht unangemessen, ihnen kommunikative Intentionen zuzuschreiben.

Lasse war eine große Katze von acht Kilogramm, dennoch wog er weniger als ein Zehntel von dem, was ich auf die Waage bringe. Geir wog nicht mehr als fünfeinhalb Kilo. Sie reichten mir nicht einmal bis zu den Knien, weit entfernt, und betrachteten die Welt daher meistens aus einer weitaus niedrigeren Perspektive als ich. Andere Male sprangen sie auf Regale oder andere Dinge und betrachteten die Welt von einer Perspektive weit über der meinen. Sie bewegten sich weitaus vertikaler, als ich es tue. Wir Menschen halten uns im Wesentlichen in drei verschiedenen Höhen auf, abhängig davon, ob wir liegen, sitzen oder stehen. Eine Katze springt unaufhörlich auf Dinge hinauf und von ihnen herunter, und häufig entscheidet sie sich, über Dinge hinüberzuspringen anstatt um sie herumzugehen. Sie ist auf eine andere Weise als wir im Raum anwesend. Der Raum der Katze ist eher vertikal, während der des Menschen eher horizontal orientiert ist. In einem wichtigen Punkt sind sich Menschen und Katzen gleich: In unserer Erfahrung der Welt ist der Sehsinn der dominierende Sinn. Katzen sind ebenso wie der Mensch und andere Primaten die einzigen Säugetiere, die mehr auf den Sehsinn als auf den Geruchssinn ausgerichtet sind. Katzen haben indessen keine sonderlich gute Farbwahrnehmung, und auf kurze Distanz haben sie eine elende Sicht, im Gegenzug können sie jedoch in nahezu absoluter Finsternis sehen.

Katzen sind generell wenig expressiv, und viele Hauskatzen geben nicht viele Geräusche von sich. Meine erste Katze, Fia, war so, wenn sie als die graue Eminenz des Hauses lautlos von Zimmer zu Zimmer glitt und durch die Fenster hinaus- und hereinspazierte. Lasse und Geir ihrerseits waren eher redselig, selbst für Burma-Katzen, und abgesehen von der Zeit, in der sie schliefen, waren sie selten still. Meistens habe ich nicht verstanden, was sie »sagten«, und ich denke, dass es da meistens auch nicht viel zu verstehen gab; aber das ist häufig ja auch in der zwischenmenschlichen Kommunikation so. Ich dachte, das sei ihr *Small Talk*, eine Art sozialer Leim.

Katzen *können* also sprechen, allerdings sprechen sie »Katzisch«, wobei es sich nicht um eine Sprache handelt und wir es nur teilweise verstehen. Nach und nach lernt man, zwischen den unterschiedlichen Miaus zu unterscheiden, von den hungrigen bis hin zu den ängstlichen, den anklagenden und gesellschaftsbedürftigen. Zum Beispiel gehen die Töne bei dem auf Hunger verweisenden Miauen am Ende nach oben, während sie bei dem auf Angst hinweisenden nach unten gehen. Das hungrige Miauen wird für eine Weile in der gleichen Weise wiederholt, bevor der Druck mehr auf den Anfang verlegt und anschließend die Lautstärke erhöht wird. Es ist verlockend, das verbleibende Geräusch wie folgt zu transkribieren: »Ich befehle dir, mir unverzüglich Futter zu geben!« Da bleibt einem nur übrig zu reagieren, denn die Katze ist ausdauernder als Sie. Über die Variationen im Miauen denken vermutlich die wenigsten Katzenbesitzer explizit nach. Das Verständnis wird vielmehr als stillschweigendes Wissen im Umgang mit der Katze erworben. Viel von unserem Verständnis von Tieren ist sogenanntes stillschweigendes Wissen, womit Wissen gemeint ist, das nicht in Form von Behauptungen ausgedrückt werden kann. Unser Leben ist von solch nichtartikulierbarem, persönlichem Wissen durchdrungen.

Sie lernen, das wehleidige von dem zufriedenen Schnurren zu unterscheiden. Das Schnurren weist einen anderen Klang auf, wenn die Katze krank oder verletzt ist oder im Sterben liegt. Die Katzen schnurren für *uns*. Zwar beginnt das Schnurren als eine Kommunikation zwischen Katzenmutter und Katzenjungen, erwachsene Katzen schnurren jedoch nicht füreinander, sondern nur für uns. Der Ton des Schnurrens liegt bei rund 25 Hertz, also innerhalb der Grenzen dessen, was das menschliche Ohr wahrnehmen kann, und der Ton ist bei beiden Geschlechtern, jungen und alten, kleinen und großen Katzen derselbe. Abgesehen von der Zeit, wenn sie läufig –

wobei jeder, der eine weibliche Katze hat, bestätigen kann, dass es sich um ein reines Spektakel handelt – oder wenn sie wütend sind, »sprechen« erwachsene Katzen für gewöhnlich nicht miteinander. Die Geräusche, die sie machen, sind vor allem für unsere Menschenohren gedacht. Viele Katzen machen auch ein charakteristisches stockendes Geräusch, wenn sie auf der Fensterbank sitzen und die Vögel draußen beobachten. Wir wissen nicht, warum sie dieses Geräusch machen, eine gängige Hypothese besagt jedoch, dass es der Versuch der Katze ist, Vogelgeräusche zu imitieren, und es daher ein Teil ihres Jagdverhaltens ist. Die Hypothese wird davon gestützt, dass man in der Wildnis größere Katzen beobachtet hat, die das Geräusch der von ihnen gejagten Affen imitieren. Hinzu kommt das lautstarke Miauen einiger Katzen mitten in der Nacht, wenn wir schlafen, was anscheinend nicht an uns gerichtet ist. Allen voran sprechen die Katzen jedoch mit uns, und praktisch alle Katzenbesitzer sprechen mit ihrer Katze. Wie bereits erwähnt, verstehen wir nicht so viel von dem, was die Katze sagt, und die Katze versteht auch nicht so viel von dem, was wir sagen, dennoch handelt es sich um eine Kommunikation, die tiefer reicht als die Semantik. Sie lernen die Kommunikation der Katze so gut kennen, dass Sie selbst wenn der Tierarzt nichts findet, spüren, dass etwas nicht stimmt, sodass sie noch gründlicher untersucht werden muss. Keine Katze ist jedoch in der Lage, ihr Miauen und Schnuren zu größeren Sinneinheiten zusammenzusetzen, wie wir Menschen es tun, wenn wir Sätze formulieren.

Ebenso wie andere Katzen schliefen Lasse und Geir viel, morgens standen sie jedoch gern vor mir auf. Und dann wollten sie selbstverständlich Futter. Um diesen Wunsch erfüllt zu bekommen, fingen sie gern mit leichtem Miauen an. Anschließend erfreute es sich großer Beliebtheit, wiederholt mit der Pfote auf meine Nase zu drücken. Führte auch das nicht zu unmittelbaren Ergebnissen, bestand der nächste Schritt darin, meinen kahlrasierten Schädel zu lecken, und da eine Katzenzunge ziemlich rau ist, tat das schnell weh. Wenn ich noch etwas schlafen wollte und mir deshalb die Bettdecke über den Kopf zog, sprang Lasse auf die Fensterbank neben dem Bett und schaffte es, dort beeindruckend viel Lärm zu machen, indem er die Pfoten über die Jalousie zog, wieder und wieder, bis ich das Weiterschlafen letztendlich nur aufgeben konnte und folglich aufstand, um ihnen Futter zu geben. Diesen Kampf gewannen die Katzen *immer*.

Die Katze verwendet das Miauen nicht zuletzt, um uns zu steuern, und unterschiedliche Hauskatzen entwickeln unterschiedliche Register des Miauens, um uns dazu zu bringen, ihnen Futter zu geben oder sie nach draußen zu lassen. Lasse und Geir mochten es, Wasser aus dem Duschbecken zu trinken, und es war ein eigenes Miauen, das den Wunsch diesbezüglich signalisierte. Da galt es lediglich, ins Bad zu gehen, das Wasser anzustellen, während sie sich in sicherem Abstand hielten, und dann das Wasser wieder abzudrehen, sodass sie das Wasser saufen konnten, was sich auf dem Boden des Duschbeckens gesammelt hatte. Eine Nachbarskatze würde nicht unbedingt genau dieses Miauen gebrauchen, um diesen Wunsch zu signalisieren, und selbst wenn Sie das Miauen Ihrer eigenen Katze verstehen, verstehen Sie nicht zwangsläufig auch das der Nachbarskatze. Wenn ich ihr Miauen nach Futter außer Acht ließ, weil ich zum Beispiel ein Kapitel in einem Buch zu Ende lesen wollte, während ich auf dem Sofa saß, pflegte Lasse auf den Fernsehschrank zu springen und langsam eine DVD nach der anderen oder ein Buch nach dem anderen auf den Boden zu schubsen, während er mich mit einem anklagenden Blick anschaute.

Sie hatten eine klare Rollenverteilung, wobei Lasse, der viel größer war als sein Zwillingsbruder, immer zuerst fraß und sich der groben Arbeit annahm, wie mich zu wecken oder Ähnliches. Geir war etwas zurückhaltender und vorsichtiger, jedoch ein besserer technischer Problemlöser. Wenn ich sie zum Beispiel aus dem Schlafzimmer aussperrte, war es Geir, der die Tür wieder öffnete, indem er hochsprang und die Türklinke betätigte. Lasse habe ich nie eine Tür öffnen sehen. Obwohl sie Zwillinge waren, und abgesehen von ein paar Kilogramm Gewichtsunterschied vollkommen gleich aussahen, waren ihre Persönlichkeiten gänzlich verschieden, wenn man diesen Ausdruck auf andere Lebewesen als den Menschen anwenden kann, wobei Lasse furchtlos und stark und Geir vorsichtig und geschickt war. Hingegen waren sie gleichermaßen sozial und unersättlich, was Chaos betraf. All das Verhalten, was ich bisher beschrieben habe, ist zielgerichtet und recht einfach zu verstehen.

Andere Male ist es vollkommen unbegreiflich, was im Bewusstsein der Katze vor sich geht, zum Beispiel wenn sie sich hinsetzt und eine Stunde lang in eine scheinbar leere Ecke starrt. Egal, wie gut ich diese Ecke auch inspiziere, so ist dort nichts zu sehen. Oder was geht eigentlich im Bewusstsein der Katze vor sich, wenn sie etwa einmal am Tag, oft zur ungefähr gleichen Zeit, scheinbar vollkommen von den Socken ist, von Zimmer zu Zimmer rast, auf Fensterbänke springt, dann weiter auf Bücherregale, dann wieder hinunter auf den Boden, auf die Bank und wieder herunter, so als würde sie versuchen, innerhalb kürzester Zeit jeden Quadratmeter der Wohnung abzudecken? Welchen Zweck hat dieses Verhalten? Ich habe keine Ahnung! Selbst wenn wir eine komplette physische Beschreibung dieser »Anfälle« geben könnten, indem wir das Katzengehirn bis ins kleinste Detail kartierten, steht nicht fest, ob wir so viel darüber aussagen könnten, wie das von der Katze erlebt wird. Wir können vielleicht etwas darüber sagen, inwieweit es die Katze mit Freude oder Frustration erfüllt, da das Gehirn des Menschen und das Gehirn der Katze vom Aufbau her recht ähnlich sind, darüber hinaus können wir jedoch kaum Nennenswertes aussagen.

Was die Katze dem Alltagsleben zuführt, ist nicht zuletzt von ästhetischer Art. Meine Hündin ist schlank und muskulös, und sie kann mit einer beeindruckenden Geschwindigkeit laufen: 50 Kilometer pro Stunde. Sie laufen zu sehen, ist ein Genuss, wenn sie sozusagen widerstandslos die Meter zurücklegt. Es muss jedoch hinzugefügt werden, dass sie nicht so viele Meter schafft, da sie eine Sprinterin und keine Langstreckenläuferin ist. Schnell kurze Strecken zu laufen, ist für sie eine ungeteilte Freude, während es für sie lästig und langweilig ist, langsam und lange zu laufen, zum Beispiel während einer Joggingtour mit mir. Auffallend ist jedoch, wie sie so viel von der souveränen Körperbeherrschung verliert, wenn sie nicht läuft – da wird sie häufig recht ungeschickt. Meine Katzen hingegen waren durchweg reine Eleganz. Zwar gibt es den ein oder anderen Fehltritt, vor allem, wenn sich eine Fläche als glatter oder weniger stabil erweist, als die Katze vermutet, im Großen und Ganzen aber ist die Körperbeherrschung nahezu vollkommen, wobei die Katze scheinbar ohne jeglichen Kraftaufwand von Ort zu Ort springen und seidenweich landen kann. Nicht zuletzt ist es verblüffend, wie es ihr stets gelingt, auf allen vieren zu landen, selbst wenn sie rücklings durch die Luft segelt. Das lernt die Katze bereits in ihrem zweiten Lebensmonat, perfektioniert diese Kunst jedoch im Laufe des Lebens. Weil sie all das so unbeschwert ausführt, ist es verlockend, es als einen reinen Instinkt zu beschreiben, die Katze aber hat es gelernt und entwickelt es weiter.

Einem alten Witz zum Unterschied zwischen Hunden und Katzen zufolge, denkt der Hund: »Meine Menschen halten mich warm und trocken, sie geben mir zu fressen, schmusen und spielen mit mir – sie müssen Götter sein!« Die Katze hingegen denkt: »Meine Menschen halten mich warm und trocken, sie geben mir zu fressen, schmusen und spielen mit mir – ich muss eine Göttin sein!« Selbstverständlich denken weder Hunde noch Katzen das, aber es liefert einen Wiedererkennungseffekt dahingehend, wie sich diese beiden Arten unserem Erleben nach uns gegenüber verhalten. Meine Hunde haben mir oft das Gefühl gegeben, bewundert zu werden. Bei keiner meiner Katzen ist das je der Fall gewesen. Die Katze bewegt sich mit einer Art von Selbstverständlichkeit durch die Welt, sie verschafft sich Recht und genießt das Dasein, wie sie selbst es als dienlich empfindet. Sie sorgt sich weder um gestern noch um morgen.

Katzen sind bekanntermaßen recht bedächtig veranlagt. Die wild lebenden verwenden selten mehr als eine Stunde pro Tag auf »die Arbeit«, und selbst diese Arbeit, die Jagd, scheinen sie zu einem unterhaltsamen Spiel zu machen. Häufig funktionieren sie nach dem Prinzip, die sich bietenden Chancen zu ergreifen, anstatt sich zielgerichtet auf die Jagd zu begeben. Mit anderen Worten gesagt, haben sie auch zur Arbeit ein entspanntes Verhältnis. Die meisten

Hauskatzen kommen in der Natur selbstständig klar. Kaum ein anderes Haustier ist dazu in der Lage.

Eine Katze zu verstehen, bedeutet, die Präferenzen der Katze zu verstehen. Diese können von Katze zu Katze stark variieren. Einige entblößen den Bauch, um Vertrauen anzuzeigen, und andere mögen es, am Bauch gestreichelt zu werden. Indessen sollte man sich auch im Klaren darüber sein, dass einige Katzen schlicht und einfach gern in dieser Stellung schlafen und Ihre Hand Blessuren abbekommen wird, sollte sie den Bauch berühren. Die Katze verfügt über eine verblüffende Fähigkeit, uns dazu zu bringen, ihr das Leben angenehm zu gestalten. Über Mohammed wird erzählt, dass er seinen Mantel auszog, anstatt die Katze zu wecken, die auf dem Mantelaufschlag schlief, als er zum Gebet gerufen wurde. In einer anderen Version der Geschichte wird erzählt, dass er einen Teil des Mantels abschnitt, um die Katze nicht wecken zu müssen. Für unsere Haustiere machen wir häufig vieles möglich. In einem berühmten Zitat schreibt Michel de Montaigne: »Wenn ich mit meiner Katze spiele, wer weiß, ob sie sich nicht noch mehr mit mir die Zeit vertreibt als ich mir mit ihr?«[106] Was so ein wenig expressives Tier wie die Katze betrifft, kann man sich nicht in vielem sicher sein, am angemessensten erscheint wohl zu sagen, dass Montaigne und die Katze *miteinander* spielen. Es findet sich eine Gegenseitigkeit. Und genau wie Montaigne wohl versucht hat, die Katze zu erziehen, unternahm die Katze ihrerseits einen Versuch, Montaigne zu erziehen. Wenn wir mit Tieren zusammenleben, erziehen der Mensch und das Tier einander. Lassen Sie eine Katze in ihr Leben, muss gleichwohl eingeräumt werden, dass dies gern auch beinhaltet, dass die Katze mehr Sie erzieht als Sie die Katze. Katzen haben nicht in nennenswertem Grad gelernt, sich anderen anzupassen, und eine Katze zu erziehen, ist notorisch schwierig.

Die Katzen haben uns gewählt, nicht umgekehrt. Sie ließen sich in der Nähe menschlicher Ansiedlungen nieder, weil es für sie günstig war, und wir ließen sie gewähren. Hunde hingegen wurden aktiv domestiziert. Die Verbindung des Menschen zu Hauskatzen begann vermutlich vor über 10.000 Jahren im Nahen Osten, und die Katzen haben sich seither wenig verändert. Das älteste dokumentierte Beispiel für eine Katze, die mit einem Menschen zusammen begraben wurde, ist 9500 Jahre alt, nicht bekannt ist hingegen, ob es sich um ein Haustier gehandelt hat.[107] Die ältesten visuellen Darstellungen von Katzen als Haustiere finden sich in ägyptischer Kunst von vor rund 4500 Jahren. Unabhängig davon verbindet Katzen und Menschen eine lange gemeinsame Geschichte, und im Laufe dieser Geschichte haben sich die Menschen mehr verändert als die Katzen, wenn nicht in den Genen, dann in der Lebensweise. Andere Tiere, die vom Menschen domestiziert wurden, haben im Laufe des Prozesses für gewöhnlich ihr Aussehen verändert, zum Beispiel, dass die Ohren nunmehr nach unten hängen, die Eckzähne kleiner sind, häufig ist auch das Aussehen »kindlicher« geworden. Bei Katzen ist das nicht in sonderlich großem Ausmaß erfolgt.[108] Eine wichtige Änderung gab es, nämlich eine Reduktion des Hirnvolumens um rund ein Drittel im Vergleich zu Wildkatzen, wobei die Reduktion in Bereichen, die für Angst und Aggression zuständig sind, besonders groß ist. Die Richtung, in die sie sich entwickelt haben, beinhaltet, dass ihr natürlicher Hang, Angst vor uns zu haben, reduziert ist, und deshalb sind sie auch empfänglicher für das Schmusen, das ein wichtiger Grund dafür ist, warum wir sie so mögen.

Ein evolutionärer Vorzug der Katze ist ihre Gesichtsform, die sich nicht so stark von der des Menschen unterscheidet, vor allem nicht von der des menschlichen Kindes. Es ist ein rundes Gesicht mit runden Wangen, einer großen Stirn, einer kleinen Nase und nicht zuletzt großen, mitten im Gesicht platzierten Augen. Viel spricht dafür, dass wir von Katzen so entzückt sind, weil sie uns selbst ähneln, und deshalb tendieren wir dazu, so viel von uns selbst in sie hineinzulesen.

Gerade weil die Katze kein Herdentier ist, ist ihr expressives Repertoire so begrenzt. Selbstverständlich gibt es das Miauen, das Schnurren, das An-den-Beinen-Entlangstreichen und das Entblößen des Bauches, um Wünsche, Wohlergehen und Vertrauen zu signalisieren. Um das Gegenteil zu signalisieren, gibt es das Fauchen, sich sträubendes Fell, das Krümmen des Rückens sowie einen kerzengerade in die Luft gereckten Schwanz. Katzen aber wedeln nicht mit dem Schwanz, und sie senken auch nicht die Ohren, außer sie befinden sich im Angriffsmodus. Ihre Gesichter sind, wie bereits erwähnt, praktisch ausdruckslos. Warum hätten die Katzen ein größeres expressives Repertoire entwickeln sollen, wenn es in ihrer Evolutionsgeschichte keine Herde gab, der sie solche Ausdrücke hätten zeigen können?

Einer fremden Katze auf kurze Distanz direkt in die Augen zu starren, ist nicht empfehlenswert, da es sich hierbei um eine überaus herausfordernde Geste handelt. Bevor Sie das tun, sollten sie einander besser kennen. Hingegen ist es mitunter eine gute Idee, sie mit halb geschlossenen Augen anzuschauen und langsam zu zwinkern – das erzeugt eine gute, entspannte Atmosphäre. Auch wenn sie selten das tut, was Sie sagen, können Sie mit der Katze kommunizieren. Katzen erkennen die Stimme ihres Besitzers wieder, im Gegensatz zu Hunden scheint dieses Wiedererkennen jedoch nur moderates Interesse zu wecken. Ihren Ohrenbewegungen zufolge hören sie Stimmen ausgezeichnet, aber sie kümmern sich schlicht und einfach nicht groß darum. Katzen suchen auch nicht, in dem Ausmaß wie Hunde es tun, unsere Nähe zwecks Schutz. Im Hinblick darauf, wie sozial sie sind, gibt es große Variationen zwischen Rassen und Individuen, generell jedoch sind die sozialen Bedürfnisse von

Menschen und Katzen ziemlich verschieden. Für die meisten Menschen besteht die Erfüllung des Lebens zum Großteil in der Bindung an einige sehr wenige Menschen, ihre Nächsten. Die meisten Katzen sind da anders. Die Wahrscheinlichkeit ist groß, dass Sie weniger für Ihre Katze bedeuten, als Ihre Katze für Sie. Als Katzenbesitzer wünschten Sie womöglich, dass es anders wäre, dass Sie für Ihre Katze unersetzlich sind, jedoch können Sie sie nicht dafür tadeln, dass es so ist, das wäre ungefähr so, als würden Sie sie tadeln, weil sie nicht fliegen oder nicht Philosophie studieren kann.

Auf der Welt gibt es dreimal so viele Katzen wie Hunde, die jemandes Haustier sind. Im Hinblick darauf, wie einseitig das Verhältnis zwischen Menschen und Katzen ist, ist das im Grunde seltsam: Wir versuchen dafür zu sorgen, dass es unserer Katze gut geht, und die Katze versucht genau dasselbe: dafür zu sorgen, dass es ihr selbst gut geht. Katzen machen keineswegs das, was wir sagen, und abgesehen vom Mäusefangen haben sie keine nützliche Funktion, wobei selbst da die Gerüchte hinsichtlich ihrer Effektivität deutlich übertrieben sind. Hunde können wachen, jagen, tragen, ziehen und beschützen, und sie machen faktisch das, was wir sagen, zumindest zeitweise. Daher ist es keineswegs verwunderlich, dass wir uns mit ihnen zusammengetan haben. Katzen hingegen … So gesehen ist es verlockend, die Katzenhaltung als den Inbegriff uneigennützigen Verhaltens zu beschreiben. Das entspräche jedoch nicht ganz der Wahrheit, denn schließlich haben wir etwas davon: Wir erhalten die Erlaubnis, einen Abschnitt des Lebens mit der Katze zu teilen, was eine große Bereicherung ist.

Liebt Ihre Katze Sie? Das kommt sowohl auf die Katze als auch auf Sie sowie die Art ihrer Beziehung an. Die meisten Katzen lieben Ihren Besitzer nicht so, wie ein Hund es tut, werden den Besitzer aber als einen zentralen und guten Teil ihres Daseins akzeptieren. Sie ermöglichen es der Katze, das von ihr bevorzugte Dasein zu führen. Futter steht dabei immer ganz oben auf der Agenda; sobald Sie und die Katze sich jedoch auf eine Routine geeinigt haben, die befolgt werden sollte, wenn Sie Beschwerden vermeiden wollen, gibt es Raum für gegenseitige Zuneigung. Das Verhältnis zwischen der Katze und ihrem Besitzer ist nicht rein instrumental. Wenn Sie auf Reisen sind und sie einen richtig netten Aufpasser hat, der ihr ebenso viel Futter und Streicheleinheiten gibt wie Sie, wird Sie trotzdem weniger zufrieden wirken, als wenn Sie da sind. Sie ist froh, Sie zu sehen, auch wenn sie es nicht genauso deutlich ausdrückt wie ein Hund. Um ehrlich zu sein, hatte ich Katzen, die es nicht zur Angewohnheit hatten, bei meiner Heimkehr nennenswerte Wiedersehensfreude zu zeigen, aber ich hatte auch Katzen, die es voll und ganz gezeigt haben.

Die Kopffüßer

Es ist eine Sache, die Tiere zu verstehen, die uns am nächsten stehen, Säugetiere wie Primaten, Hunde und Katzen, wie aber verhält es sich mit den Tieren, die uns am entferntesten sind? Ein interessantes Beispiel sind die Kopffüßer.[109] Es ist gut über 500 Millionen Jahre her, dass der Mensch und die Kopffüßer in der Evolutionsgeschichte getrennte Wege einschlugen, zu einem Zeitpunkt, als es weder etwas gab, was an Menschen noch an Kopffüßer erinnert. Zum Vergleich ist es geschätzt 85–100 Millionen Jahre her, dass die Evolution uns auf einen anderen Pfad führte als Hunde und Katzen, sie wiederum gingen vor 30–40 Millionen Jahren jeder ihres Weges. Unsere Trennung von den Schimpansen liegt lediglich 6–7 Millionen Jahre zurück. Es ist nicht ganz bekannt, wie der gemeinsame Stammesvater von uns und den Kopffüßern ausgesehen hat, einer begründeten Vermutung zufolge war es jedoch ein recht flacher Wurm von ein paar Millimeter Größe mit einem primitiven Nervensystem und Fotorezeptoren, vielleicht sogar mit einfachen Augen.

Der Abstand zwischen den Kopffüßern und uns ist in nahezu jeglicher Hinsicht so groß, dass er als unbegreiflich erscheinen kann. Wenn wir mit dem Körper des Kopffüßers anfangen, so ist dieser eine Art weiche Masse, nahezu formlos und ohne Knochen. Der Mund befindet sich in der Achselhöhle, wo er einen Schnabel hat. Er kann sich durch ungeheuer kleine Öffnungen pressen und hat eine Vorliebe dafür, aus Aquarien zu fliehen. Die größten Pazifischen Riesenkraken können fünf bis sechs Meter groß werden, und sie besitzen enorme Kräfte. Jeder einzelne Saugnapf eines ausgewachsenen Männchens ist in der Lage 13 bis 14 Kilogramm anzuheben, und es hat 1500 bis 1600 solcher Saugnäpfe. Während sich die meisten Tiere, die ein Herz haben, mit einem begnügen, hat der Kopffüßer ganze drei Herzen, die blau-grünes Blut pumpen, da der Sauerstoff im Blut mit Kupfer angereichert ist anstatt mit Eisen. Auf der Haut können sie intrikate Muster fertigen, und sie besitzen die verblüffende Fähigkeit, von einem Augenblick auf den anderen ihre Farbe zu verändern. Diese Fähigkeit hat ihren Ursprung teilweise in einem Bedürfnis, sich zu tarnen, da der Körper des Kopffüßers derart nackt und ungeschützt ist. Eine Farbveränderung kann aber auch eine Gemütslage kommunizieren, ob das Tier gute oder schlechte Laune hat. Es besteht große Einigkeit dahingehend, dass der Kopffüßer in entspanntem Zustand weiß ist und bei Aufregung rot, aber abgesehen davon und von der Tarnfunktion verstehen wir kaum etwas von seinem fantastischen Farbspiel. Man könnte den Verdacht haben, dass ein

Teil des Farbspiels der Kommunikation mit anderen Kopffüßern gewidmet ist, was jedoch wenig glaubwürdig ist aus dem einfachen Grund, dass Kopffüßer wohl farbenblind sind. Der Ausdruck der Augen des Kopffüßers erinnert an eine Art Halbschlaf, mit Pupillen als schwarze Striche, die immer waagerecht liegen, selbst wenn der Kopf schief steht. Aufgrund eines avancierten Linsenauges, das unserem nicht unähnlich ist, sehen sie scharf, jedoch können sie vermutlich zusätzlich mit der Haut »sehen«, auf der sie über Fotorezeptoren verfügen. Haben Sie eine Vorstellung davon, wie es ist, mit der Haut zu »sehen«? Um ehrlich zu sein, wissen wir nicht sehr viel darüber, wie diese Fotorezeptoren funktionieren. Sie reagieren auf Licht, wir wissen jedoch nicht, ob die Information zum Gehirn weitergeleitet wird. Die Körpererfahrung eines Kopffüßers muss sich sehr stark von der unsrigen unterscheiden.

Was wir beim Betrachten eines Kopffüßers sehen, erinnert wenig an das, was uns beim Blick in einen Spiegel begegnet. Vielmehr ist es so, als würde man ein Wesen von einem fremden Planeten betrachten. Können wir ein Tier verstehen, das uns selbst so unähnlich ist? Gibt es da überhaupt etwas zu verstehen? Die Antwort auf die letztgenannte Frage scheint bestätigend zu sein: Kopffüßer zeigen so klare Anzeichen von einem reichen Bewusstseinsleben und Intelligenz, dass es da definitiv *etwas* gibt, das zu verstehen wir uns wünschen können. Die Frage ist, ob wir je in die Lage kommen, dieses fremde Bewusstsein zu verstehen. Wenn wir Menschen mit Affen, Hunden und Ratten vergleichen, liefern uns die Ähnlichkeiten unserer Gehirne eine Vergleichsgrundlage. Wir können auf das Vorkommen gewisser neuronaler Strukturen sowohl beim Menschen als auch beim Tier hinweisen, und wenn beim Menschen eine bestimmte mentale Fähigkeit an eine bestimmte neuronale Struktur gebunden ist, haben wir zumindest Anlass zu untersuchen, inwieweit sich dieselbe mentale Fähigkeit bei einem Tier mit ähnlicher neuronaler Struktur findet.

Eine solche Vorgehensweise ist beim Studium des Kopffüßers nicht möglich. Das Großhirn des Menschen ist in vier Lappen unterteilt. Die komplexesten Gehirne von Kopffüßern können in 75 Lappen eingeteilt werden. Wo wir, aufgrund der Ähnlichkeit der grundlegenden Architektur, das Gehirn des Menschen mit den Gehirnen anderer Säugetiere vergleichen können, haben wir diese Möglichkeit beim Versuch, einen Kopffüßer zu verstehen, nicht. Ein Pazifischer Riesenkrake hat knapp 500 Millionen Neuronen, fast ebenso viele wie ein Hund und mehr als eine Katze. Wir Menschen haben im Vergleich ungefähr zweihundert Mal so viele Neuronen. Die Anzahl an Neuronen ist kein unproblematischer Indikator für die mentale Kapazität: Viele Vogelarten verfügen über eine milde ausgedrückt bescheidene Anzahl an Neuronen, selbst wenn sie in der Lage sind, ziemlich komplexe Aufgaben zu lösen. Die Menge an Neuronen kann uns lediglich etwas über das Potenzial sagen. Ein sonderbarer Zug des Kopffüßers ist, dass sich über zwei Drittel der Neuronen in den Armen befinden, was darauf schließen lässt, dass er offenkundig in hohem Maße mit den Armen »denkt«. Die Arme verfügen sogar über ein Kurzzeitgedächtnis und können, nachdem sie abgehackt wurden, mehrere Stunden mit ihren Aufgaben fortfahren. Wie ist das, mit den Armen zu denken? Auch die Platzierung dessen, was wir als Gehirn bezeichnen würden, ist etwas ungewöhnlich, da es sich rund um die Speiseröhre befindet.

Wollen Sie einen Kopffüßer verstehen, müssen Sie sich allem voran dessen Verhalten anschauen. Indem sie unterschiedliche praktische Aufgaben lösen, zeigen Kopffüßer deutliche Fähigkeiten zu intelligentem Verhalten, zudem verwenden sie Werkzeuge, allerdings lernen sie relativ langsam. Sie sind geschickt darin, den Weg durch Labyrinthe zu finden, die Forscher für sie aufstellen, und wenn es darum geht, Boxen mit unterschiedlichen Schließmechanismen zu öffnen, versuchen sie sich daran und finden gute Lösungen. Hingegen gelingt es nicht, ihnen so etwas beizubringen wie an einem Hebel zu ziehen, um eine Belohnung zu erhalten. Sie erkennen Menschen und unterscheiden zwischen ihnen, selbst wenn diese identische Kleidung tragen. Am wahrscheinlichsten ist, dass sie Gesichter erkennen. Dazu sind auch einige andere Arten in der Lage, nicht zuletzt Primaten, wobei die Fähigkeit auch bei einzelnen Vogelarten, wie Krähen, nachgewiesen wurde. Nicht zuletzt erinnern sich Kopffüßer daran, wen sie mögen und wen nicht – zum Beispiel, weil sie jemand schlecht behandelt hat –, was sich unter anderem in dem präzisen Bespritzen derer zeigt, die sie nicht mögen. Dabei handelt es sich nicht um Einzelfälle, sondern um ein systematisches Verhalten. Stellt man mehrere Personen im gleichen Aufzug vor den Wassertank, in dem sich der Kopffüßer befindet, bekommt erneut derjenige eine Dusche ab, den das Tier bereits zu einem früheren Zeitpunkt nicht mochte und mit Wasser bespritzt hat. Wie bereits erwähnt, hegen Kopffüßer eine Vorliebe dafür, aus ihren Wassertanks zu fliehen, wobei sie damit gern warten, bis niemand sie sehen kann, zum Beispiel, wenn die Forscher das Labor für diesen Tag verlassen haben. Das belegt, dass sie sich dessen bewusst sind, ob sie beobachtet werden oder nicht. Ihrem Verhalten nach zu urteilen, empfinden sie Schmerz, da sie versuchen verletzte Körperteile zu schützen. Sie verfügen über gut entwickelte Geschmacks- und Geruchsfähigkeiten. All das lässt es als angemessen erscheinen, ihnen ein recht reiches, subjektives Leben zuzuschreiben.

Das Leben von Kopffüßern ist kurz. Die meisten haben nur ein oder zwei Jahre, und selbst die Pazifischen Riesenkraken werden nicht älter als vier Jahre. Beide Geschlechter vermehren sich im Laufe ihres Lebens nur einmal. Und: Kopffüßer spielen. Kleinere Kopffüßer können zum Beispiel dabei beobachtet werden, wie sie zwei halbe Kokosnüsse tragen, die sie zum Schutz verwenden, indem sie sich hineinlegen. Es gibt aber auch Filmaufnahmen von Kopffüßern, die sich auf der Spitze eines Hügels in zwei halbe Kokosnüsse hineinlegen, um darin herunterzurollen, woraufhin sie die Kokosnusshälften wieder auf die Spitze des Hügels hinauftragen, um erneut herunterzukullern. Das ähnelt zum Verwechseln dem, was wir Menschen auf einer Rodelbahn machen. Warum tut der Kopffüßer das? Vielleicht, weil er Spaß daran hat. Eine verbreitete Auffassung vom Spielen besteht darin, dass es sich lediglich um eine Vorbereitung auf den Ernst des Lebens handelt, mit dem junge Individuen umgehen müssen, wenn sie älter werden. Das heißt, dass das Spiel einem anderen Zweck dient – dass der Zweck des Spiels außerhalb des Spiels liegt. Das Problem an einer solchen Erklärung des Spiels ist, dass sie die »ästhetischen Qualitäten« des Spiels nicht in ausreichendem Maß in Betracht zieht.[110] Dabei ist es gerade diese ästhetische Dimension, dass es Spaß macht, was das Spiel zum Spiel macht. Dieser Spaß lässt sich nicht auf etwas anderes reduzieren. Es gibt Spiel, bei dem es sich um eine Vorbereitung auf spätere Aufgaben handelt, aber es gibt auch Spiel, das einfach nur Spiel ist. In diesem Fall bezeichnen wir das Spiel als *autotelisch*, das heißt, es ist sich zum Selbstzweck. Solchem Spiel scheint sich der Kopffüßer hinzugeben, und das zeugt von dem, was wir als einen Überschuss an Bewusstsein bezeichnen können.

Etwas vom Bewusstseinsleben des Kopffüßers können wir verstehen, jedoch nicht sehr viel. Dafür unterscheidet er sich zu sehr von uns. Hans-Georg Gadamer
beschreibt Verständnis als eine Horizontverschmel-
zung, als einen Prozess, bei dem jemand, der deutet,
in der Lage ist, den Horizont dessen, was verstanden
werden soll, dem eigenen Horizont beständig näher-
zubringen. Dieser Prozess ist umso herausfordernder,
je weiter diese Horizonte im Ausgangspunkt voneinander entfernt sind. Im Verständnis von intelligenten
Tieren ist es schwer, sich einen Horizont vorzustellen,
der weiter von unserem entfernt ist als der des Kopffüßers. Wir können sehen, ob er entspannt oder auf-
geregt ist, heiter oder wütend, dass er gern spielt, ihm
grelles Licht und Gefangenschaft missfallen, dass er
manche Menschen mag, andere hingegen nicht. Darüber hinaus befindet sich das Innenleben des Kopffüßers im Großen und Ganzen außerhalb der Reichweite unseres Verständnisses.

Einsamkeit und Trauer

Empfinden Tiere Einsamkeit? Das hängt davon ab, wie man Einsamkeit definiert. Lange dachte ich, ein Tier könne isoliert und unterstimuliert sein, aber nicht einsam. Diese Auffassung musste ich revidieren, als eine meiner Katzen, Lasse, krank wurde und späterhin eingeschläfert werden musste. Was sein Zwillingsbruder damals kommunizierte, ist für mich schwer mit anderen Ausdrücken zu beschreiben als »Einsamkeit« und »Trauer«. Als Lasse krank wurde, als seine Nieren immer mehr versagten, entzog er sich Geir. Sie lagen nicht mehr zusammen auf dem Sofa, im Körbchen oder im Schlafzimmer unter der Decke, wie sie es früher immer getan hatten; mitunter kam es jedoch weiterhin dazu, wenn Geir Lasse aufsuchte und Lasse sich nicht aus dem Staub machte. Ihre täglichen spielerischen Kabbeleien nahmen ein Ende, und Lasse putzte Geir nicht mehr. Als klar war, dass für Lasse nichts mehr getan werden konnte, kam ein Tierarzt zu uns nach Hause und beendete sein Leben mit einer Spritze. In der Folgezeit ging Geir miauend durch die Wohnung und suchte nach Lasse. Das war nicht gerade verwunderlich nach 13 Jahren, in denen die beiden keinen einzigen Tag voneinander getrennt waren. Ich meinerseits dachte, das würde innerhalb kurzer Zeit vorübergehen. Ich kaufte Pheromonspray, um ihm Ruhe zu verschaffen, zudem bekam er besonders viele Streicheleinheiten und Aufmerksamkeit. Solange er auf meinem Schoß lag, ging es gut, musste ich jedoch etwas anderes tun, ging das chronische Miauen und Suchen weiter. Es wurde nicht besser mit der Zeit. Es war, als sei ein wesentlicher Teil des Fundaments in Geirs Dasein kollabiert. Ohne seinen Bruder war er einsam.

Ich werde nicht behaupten, dass ich weiß, wie eine Katze Einsamkeit erlebt, aus dem einfachen Grund, weil ich nicht über das mentale Leben einer Katze verfüge. Eine Katze und ein Mensch haben so unterschiedliche Lebensformen und so unterschiedliche kognitive und emotionale Ressourcen, dass sich ein und dasselbe Gefühl für uns äußerst verschieden gestaltet. Indessen können wir das zum Ausgangspunkt nehmen, was uns gemein ist, Handlungsweisen, die Menschen und Tieren gemein sind, die eine Form von Kommunikation ermöglichen. Lasse und Geir kommunizierten mir gegenüber ganz klar, was sie sich im Alltag wünschten, wenn sie Durst hatten und Wasser aus dem Duschbecken trinken wollten, wenn sie Futter haben wollten, wenn sie vor etwas Angst hatten, wenn sie spielen wollten und wenn sie Streicheleinheiten haben wollten. Die Frage ist, ob sie auch komplexere Emotionen haben können. Ich will behaupten, dass das, was Geir nach Lasses Tod mir gegenüber kommuniziert hat, eine große Entbehrung war. Wie er diesen Zustand spezifischer erlebt hat, ist für mich schwer zu sagen. Hier kann man mich beschuldigen, Opfer eines Anthropomorphismus zu sein, indem ich mein Vermissen von Lasse auf Geir projiziert habe. Auf der anderen Seite können wir, wie ich bereits an anderer Stelle behauptet habe, beim Versuch, Tiere zu verstehen, die Verwendung von Anthropomorphismen im Grunde nicht vermeiden. Wenn wir versuchen wollen zu verstehen, wie ein Tier etwas erlebt, können wir es nicht vermeiden, Begriffe aus unserer eigenen Erfahrungswelt zu verwenden, da unsere eigene Subjektivität die einzige Plattform ist, auf der wir aufbauen können.

Meine Antwort auf die Frage: »Können Tiere einsam sein?«, lautet also Ja. Soziale Tiere können sozialen Schmerz empfinden, auch wenn sich die Einsamkeit eines Tieres und die eines Menschen unterschiedlich äußern. Es gibt Studien, die belegen, dass sozial isolierte Papageien früher sterben.[111] Selbst bei Ameisen können wir das beobachten.[112] Wir können aus diesem Grund jedoch nicht behaupten, dass Ameisen Einsamkeit erleben. Ameisen und Menschen sind so unterschiedliche Wesen, dass es durchaus problematisch ist, einen psychologischen Begriff wie »Einsamkeit«, der aus der Erfahrungswelt des Menschen stammt, für beide Arten zu verwenden.

Zu Katzen und Hunden haben wir eine engere und kommunikativere Beziehung. Dass meine Hündin

Luna sozialen Schmerz erlebt, den man als Einsamkeit bezeichnen kann, wenn sie zu Hause alleine sein muss oder in einem Zimmer eingesperrt ist, weil ein Allergiker zu Besuch ist, erscheint mir einleuchtend. Ihre ganze Art macht das deutlich. Auf der anderen Seite unterscheidet sich ihre Einsamkeit vermutlich dennoch sehr von der Einsamkeit, die Menschen trifft. Menschliche Einsamkeit kann mit Hinweis auf ein Abweichen zwischen der erwarteten und der tatsächlichen Bindung an andere definiert werden, allerdings ist zweifelhaft, ob man Luna eine mentale Größe als »eine Erwartung an eine Bindung« an andere zuschreiben kann.[113] Lunas Einsamkeit ist nicht dieselbe, wie Menschen sie empfinden können. Luna hat kaum Vorstellungen von anderen Hunden, die miteinander spielen, während sie von dem Spiel ausgeschlossen ist. Sie hat keine Vorstellungen davon, welche Art von Bindung sie zu ihrer Herde haben müsste. Sie verfügt nicht über die sprachlichen und symbolischen Ressourcen, wie Menschen es tun, was dazu führt, dass ihr Gefühlsleben auf das begrenzt ist, was im Hier und Jetzt vorhanden ist. Das Gefühlsleben des Menschen hat eine vollkommen andere Reichweite und Komplexität, weil der Mensch ein symbolisches Universum bewohnt. Lunas mentales Leben ist voll und ganz in ihrem Körper realisiert. Bin ich mit einem anderen Menschen zusammen, kann ich mir überlegen, was sie oder er »eigentlich« denkt, dass das Äußere in gewisser Hinsicht etwas potenziell Trügerisches aufweist. In der Beziehung zwischen zwei Menschen gibt es immer einen Abstand, weil die Subjektivität des anderen auch den Charakter von etwas Verborgenem haben kann. Das ist in diesem Fall nicht verborgen, weil es ein »inneres« Phänomen ist, sondern weil der andere es verbirgt. Bei Luna ist nichts verborgen. Deshalb kann ich in Gesellschaft des Hundes auch nicht die Einsamkeit erleben, die ich manchmal in Gesellschaft anderer Menschen erlebe. Das Wesen des Hundes verfügt über eine Unmittelbarkeit, die einen gewissen Typ Einsamkeit unmöglich macht. Ein Aspekt dafür, warum das Zusammensein mit Tieren als so sinnvoll erlebt werden kann, ist, dass es keine Filter der Verstellung gibt, die zwischen uns und sie geraten.

Ich bin indessen unsicher, ob Geirs Zustand als »Einsamkeit« kategorisiert werden sollte. Vielleicht ist es treffender, ihn als Trauer zu bezeichnen. Oder vielleicht beides. Eine Katze, die ihren Nächsten verloren hat, wird normalerweise suchen und wieder und wieder die Orte aufsuchen, an denen sie zusammen gelegen und geschlafen haben. Mit jedem Tag, der vergeht, werden die Gerüche ferner, der Verlust jedoch bleibt länger als die Gerüche. Als Lasse starb, gab Geir Töne von sich, die ich von ihm nie zuvor gehört hatte. Sie kamen von einer Stelle tief in seinem Inneren. Er schlief schlecht und hatte kaum Appetit. Sein Verhalten unterschied sich nicht so sehr von dem trauernder Menschen. Ich glaube nicht, dass er darüber trauerte, dass Lasse tot war. Er trauerte darüber, dass Lasse *weg* war. Der Grund dafür, warum er nicht darüber trauerte, dass Lasse tot war, war, dass er keinen Begriff von Tod hatte. Jedoch vermisste er seinen Bruder. Wie hätte Geir reagiert, wenn nach Lasses Tod eine neue Katze in den Haushalt gekommen wäre? Das ist schwer zu sagen, aber nach einer gewissen anfänglichen Skepsis hätte Geir die neue Katze vermutlich gut aufgenommen, da er ein freundliches Gemüt hatte. Das hätte hinsichtlich der Einsamkeit vielleicht ein wenig geholfen, jedoch habe ich Schwierigkeiten damit, mir vorzustellen, dass die Trauer so viel kleiner geworden wäre, dass er aufgehört hätte, in der nicht allzu langen Zeit, die ihm selbst noch blieb, jeden Tag umherzugehen und nach Lasse zu suchen. Geir vermisste allen voran keine andere Katze, sondern *Lasse*. So denke ich. Aber all das sind selbstverständlich nur Spekulationen.

Zugegebenermaßen ist die Forschung, was Trauerprozesse bei Tieren anbelangt, ein unterentwickeltes Feld, aber zumindest können wir sagen, dass wir uns Muster im sozialen Verhalten, Veränderungen in den Fress- und Schlafgewohnheiten sowie andere Gefühlsausdrücke anschauen müssen, wenn wir beim Tier einen Zustand der Trauer identifizieren wollen.[114] Wie auch bei anderen Gefühlen weisen diese Anzeichen zwischen den Arten und den Individuen Variationen auf. Man kann einwenden, dass sich die Trauer des Tieres zwangsläufig von der des Menschen unterscheiden muss. In dem Grad, wie die Trauer des Menschen von Eigenschaften abhängt, über die nur der Mensch verfügt, ist das auch so. Indessen ist auch die Trauer des Menschen nichts vollkommen Homogenes. Unterschiedliche Menschen trauern in unterschiedlicher Weise. Was aller Trauer gemeinsam ist, ist ein Schmerz darüber, etwas Unersetzbares verloren zu haben. Am radikalsten unterscheidet sich die Trauer des Menschen von den Gefühlen anderer Tiere vielleicht darin, dass wir einem Verlust vorgreifen und den Trauerprozess beginnen können, *bevor* wir jemanden verloren haben, weil wir wissen, dass es passieren wird, beispielsweise wenn ein Krankheitsverlauf einen mehr oder weniger unausweichlichen Ausgang haben wird. Wir Menschen können auch um jemanden trauern, dem wir nie begegnet sind, zum Beispiel einen Schriftsteller oder einen Musiker, den wir sehr schätzen.

Es ist nicht leicht auszumachen, welches Tier über ein Bewusstsein hinsichtlich des Phänomens Tod verfügt. Einige Tiere zeigen klare Anzeichen des Bewusstseins über den Tod anderer, wie Elefanten und Schimpansen. Bei beispielsweise Pferden, Kühen und Schafen ist das zweifelhafter. Wenn sich ein Tier den Tod eines anderen Tieres nicht bewusst machen kann, ist es noch weniger wahrscheinlich, dass es sich seinen eigenen Tod bewusst machen kann. Denn trotz allem ist es nur der Tod anderer, dem wir in unserer Erfahrung begegnen, niemals unser eigener, und das Bewusstsein über den Tod anderer muss dem Bewusstsein über die eigene Sterblichkeit vorausgehen. Es ist der Tod anderer, der uns einen Begriff vom Tod gibt. Franz de Waal spekuliert darüber, ob ältere Affen und Elefanten Vorstellungen über ihren eigenen zukünftigen Tod haben.[115] So weit will ich nicht gehen.

Ein Tier braucht hingegen kein Verständnis von »Tod«, um zu trauern. Es reicht aus, dass derjenige, mit dem das Tier verbunden ist, physisch weg oder zu einer leeren, kalten Hülle geworden ist. Die Trauer ist dem Bewusstsein über den Verlust einer *Beziehung* geschuldet, dem untergeordnet ist, ob man über die Fähigkeit verfügt, das als »Tod« begrifflich festzumachen oder nicht. Der Trauer wohnt ein so starkes Vermissen inne, dass es erdrückend wirkt. Die Trauer muss nicht jemandes Tod geschuldet sein – sie kann auch dem Umstand geschuldet sein, dass jemand, der für das Dasein eines Menschen ganz entscheidend ist, daraus verschwunden ist, wie ein Partner, der einen verlassen hat. Die Trauer dreht sich immer um *jemanden*. Sie dreht sich darum, jemanden verloren zu haben, den zu verlieren man nicht aushalten kann. Freud schreibt, dass sowohl Melancholie als auch Trauer ein Bewusstsein über einen Verlust beherbergen; während der Trauernde jedoch immer ein klar erkennbares Verlustobjekt hat, weiß der Melancholiker nicht so klar, was er verloren hat.[116] Ich zweifle daran, dass Tiere melancholisch sein können, nicht aber daran, dass sie Trauer erleben können.

Ein bekanntes Beispiel für Trauerverhalten bei Schimpansen stammt von der britischen Primatologin und Anthropologin Jane Goodall: Als die Mutter des Schimpansenjungen Flint starb, zog er sich von der Gruppe zurück. Die Mutter namens Flo hatte Flint sehr spät, im Alter von über vierzig Jahren bekommen. Vielleicht ist Flo deshalb mit Flint nachgiebiger gewesen, als es bei seinen älteren Geschwistern der Fall war. Er hatte viele Jahre über das Übliche hinaus an ihrer Brust liegen und auf ihren Rücken klettern dürfen. Die beiden waren unzertrennlich – bis sie starb. Da kletterte Flint auf einen Baum hinauf, zu dem Nest, das er und seine Mutter sich geteilt hatten, und weigerte sich, das Futter zu fressen, das die Forscher ihm vorsetzten. Jegliche Lebenslust schien aus ihm entwichen, und weniger als einen Monat später starb auch er.[117] Aus einer evolutionären Perspektive betrachtet, erscheint eine solche Trauer mitunter wenig zweckmäßig, und man kann daher fragen, warum Tiere ein Verhalten entwickelt haben, das nicht förderlich ist, sondern vielmehr ihre Fähigkeit zum Überleben und zur Weitergabe des Erbguts zu reduzieren scheint. Die Erklärung lautet wohl, dass sich die Trauer als Schattenseite der Liebe entwickelt hat. Die Trauer findet sich bei Tieren und bei Menschen, weil wir über die Fähigkeit zu lieben verfügen. Wer die Fähigkeit besitzt, sich an jemanden zu binden, besitzt auch die Fähigkeit Trauer zu empfinden, wenn er denjenigen verliert, an den er sich gebunden hat. Das eine folgt dem anderen. Zu sagen, dass Tiere lieben können, erscheint mir nicht als eine Anmaßung.

Die Tiere, mit denen wir zusammenleben, betrachten wir in ähnlicher Weise wie Menschen als Individuen. Nicht zuletzt geben wir ihnen eigene Namen, worin der Ausdruck einer Einzigartigkeit, einer Unersetzbarkeit liegt. Meine Hündin Luna ist nicht einfach irgendein Hund oder irgendein Whippet. Sie ist *Luna*, und nur Luna kann Luna sein. Dasselbe galt für meine Katzen, Lasse und Geir. Lasse war Lasse, und Geir war Geir, und keiner kann den Platz von einem der beiden einnehmen. Gerade diese Unersetzbarkeit ist der Grund, warum es so unfassbar traurig ist, wenn unsere Tiere sterben. Ich will nicht sagen, dass es die *gleiche* Trauer ist, wie wenn ich Menschen verloren habe, die mir nahestanden, da es einen Unterschied in der Beziehung zu Menschen und der zu Tieren gibt, die Trauer jedoch war tief und das Weinen lautstark, jedes Mal, wenn eines meiner Tiere gestorben ist. Dieser Trauer wohnt auch etwas Positives inne – sie bezeugt, dass die Beziehung, die man zu dem Tier hatte, echt war.

Selbst ein Hund, mit dem Sie ausnahmslos jeden einzelnen Tag verbringen, verfügt nur über ein begrenztes Register, um mit Ihnen zu kommunizieren, und er wird nie lernen, sich gegenüber dem *Sinn* dessen zu verhalten, was Sie zu ihm sagen. Wenn Sie aus irgendeinem Grund traurig sind und mit Ihrem Hund darüber sprechen, sprechen sie *zu* dem Hund, nicht mit ihm. Er versteht leider nicht, was Sie sagen, selbst dann nicht, wenn er auf Ihre Gemütsverfassung reagiert. Als meine Mutter starb, hatte es den Anschein, als würde mich meine Hündin besonders häufig anschauen. Luna schaut mich zwar immer häufig an, jedoch war es, als hätte sie in der Zeit nach dem Tod meiner Mutter besonders genau hingesehen. Es erschien mir natürlich, eine Art Verständnis aus ihrem Blick zu lesen, so als würde sie meine Trauer begreifen. Ich sprach auch mit ihr über das Traurige. Ich wusste, dass sie meine Worte nicht versteht, dennoch war es gut, mit ihr zu sprechen, genauso wie ich viel mit meinen Katzen gesprochen habe, als sieben Jahre zuvor mein Vater verstorben war. Wenn ich rational darüber nachdenke, glaube ich nicht, dass meine Hündin verstanden hat, dass ich getrauert habe, oder dass ein Hund menschliche Trauer überhaupt begreifen kann. Vermutlich reagierte der Hund lediglich darauf, dass ich in der ersten Zeit nach dem Todesfall anders war, und in dem Versuch mich zu deuten, schaute sie besonders genau hin. Unsere Haustiere versuchen nicht, uns zu trösten, aus dem einfachen Grund, weil sie nicht verstehen, dass wir Trost brauchen, trotzdem können sie in unseren schwersten Stunden ein so großer Trost sein.

Im Buch *Prediger* (3,19) heißt es: »Denn es geht dem Menschen wie dem Vieh: Wie dies stirbt, so stirbt auch er, und sie haben alle einen Odem, und der

Mensch hat nichts voraus vor dem Vieh.« Wir müssen alle sterben, Menschen ebenso wie Tiere. Einige leben lange, Muscheln können zum Beispiel 400 bis 500 Jahre alt werden. Es gibt auch Quallen, die im Prinzip ewig leben können, in der Praxis werden sie jedoch verletzt oder gefressen, sodass auch sie kein ewiges Leben haben. Bei den Tieren, die vermutlich über ein Bewusstsein verfügen, kann der Grönlandhai Studien zufolge mehrere hundert Jahre alt werden. Allem Anschein nach kann auch der Grönlandwal bis zu 200 Jahre alt werden. Am anderen Ende der Skala finden wir die Chamäleons und Hausmäuse, die ein Jahr alt werden können, wenn sie nicht verletzt oder gefressen werden. Um gar nicht erst von den Eintagsfliegen zu sprechen, von denen es über 3000 Arten gibt, die von einigen Stunden bis zu einigen Tagen leben. Die durchschnittliche Lebenserwartung des Menschen steigt, variiert jedoch von Land zu Land. Es gibt Länder, wo sie nicht höher liegt als 40 Jahre, und andere Länder, wo sie doppelt so hoch ist. Ungeachtet dessen müssen wir sagen, dass es nicht die Länge des Lebens ist, was den Menschen auszeichnet. Das Besondere an uns ist vielmehr, dass wir mit einem Bewusstsein darüber durchs Leben gehen, dass das Leben – sowohl unser eigenes als auch das anderer – ein Ende nehmen wird.

Haben Tiere Moral?

Sie können Entscheidungen treffen, die moralisch wirken. Es ist über fünfzig Jahre her, seit Forscher nachgewiesen haben, dass Rhesusaffen sich weigern, Futter entgegenzunehmen, wenn dies beinhaltet, dass ein anderer Affe einem schmerzhaften Stoß ausgesetzt wird.[118] Um Futter zu bekommen, konnten die Affen an einer Kette ziehen, sie weigerten sich jedoch das zu tun, wenn ein anderer Affe dadurch einen Stoß bekam. Ein Affe hielt das zwölf Tage ohne Futter durch. Dasselbe Ergebnis wurde in Versuchen mit Ratten erzielt.[119] Das deutet scheinbar darauf hin, dass Affen und Ratten – sowie andere Arten mit entsprechendem Verhalten – nicht nur als moralische Objekte, sondern auch als moralische Subjekte in die Ethik aufgenommen werden müssen. Doch durch die moralische Brille betrachtet, sind Tiere in großem Ausmaß entsetzliche Wesen! Die weitverbreitete Praxis der Schimpansen, Nachkommen anderer Schimpansen zu töten, was sowohl Männchen als auch Weibchen tun, und sie anschließend auch noch zu fressen, ist unmöglich zu akzeptieren, wenn man das Verhalten nicht als außermoralisch betrachtet. In dem Grad, wie man Tiere als legitimen Gegenstand für moralisches Lob betrachtet, müssen sie auch als legitimer Gegenstand für moralischen Tadel betrachtet werden. Das erschafft indessen recht absurde Situationen, wie etwa, als man im Mittelalter und vor allem in der Renaissance Tierprozesse durchführte.[120] Eines der bekanntesten Beispiele ist die französische Sau, die 1457 des vorsätzlichen Mordes an einem fünfjährigen Jungen angeklagt wurde. Auch ihre sechs Ferkel wurden angeklagt. Es wurde ein Verteidiger ernannt, der sich der Sache der Schweinefamilie annahm. Die Sau wurde zum Tode verurteilt, die Ferkel hingegen wurden mit Verweis auf ihr junges Alter sowie den ungünstigen Einfluss der Mutter freigesprochen. Der Grund, warum wir solche Prozesse für absurd halten, ist, dass man die Tiere dabei in ein normatives Universum hineinzieht, in dem aufzutreten ihnen gänzlich die Fähigkeiten fehlen. Die Sau verfügte über keinerlei Voraussetzungen dafür, zu wissen, dass es moralisch falsch ist, einem kleinen Jungen das Leben zu nehmen. Sie hatte nicht die Voraussetzungen, sich in einem solchen normativen Universum zu orientieren. Daher ist es auch absurd, sie so zu behandeln, als wäre sie dazu in der Lage. Was aber ist mit den Ratten und den Rhesusaffen, könnte man einwenden? Wussten sie nicht, dass sie in der Lage waren, sich in einem normativen Universum zu orientieren, als sie es unterließen zu fressen, wenn einer anderen Ratte beziehungsweise einem anderen Affen dadurch ein Stoß versetzt wurde? Nicht unbedingt.

Es ist durchaus denkbar, dass ihnen nicht das Bewusstsein hinsichtlich der Schmerzen eines Artgenossen den Appetit nahm, sondern vielmehr der unangenehme Klang der Schmerzensschreie. Damit läge die Motivation also in der Rücksicht auf das eigene Wohlbehagen beziehungsweise Unbehagen. Das erinnert an den Philosophen Thomas Hobbes, der, als dieser einmal dabei beobachtet wurde, wie er einem Bettler Geld gab, und darauf angesprochen, warum er das getan hatte, wenn er doch der Ansicht war, dass jede menschliche Handlung egoistisch motiviert sei, antwortete, dass er versucht habe, sein eigenes Unbehagen zu erleichtern, das beim Anblick eines anderen Menschen in Not aufgekommen war. Es erscheint mitunter als eine wenig großzügige Deutung der Tiere, wenn wir auf einer dünnen Grundlage ihre Fähigkeit, aus moralisch ehrenwerten Gründen zu handeln, zurückweisen. Unterdessen gibt es einen gewissen Beleg dafür, dass dem so ist. In einem Versuch mit Ratten, bei dem keiner der anderen Ratten ein Stoß versetzt wurde, wo aber das Drücken eines Hebels zum Erhalt von Futter gleichzeitig auch Lärm verursachte, drückten noch weniger Ratten den Hebel.[121]

All die Beispiele für hilfsbereites Verhalten von Tieren, die andere Tiere oder Menschen retten, oder Mütter einer Art, die sich der Nachkommen einer anderen Art erbarmen, können wir nicht einfach abtun. Es ist eine so große Anzahl von Fällen dokumentiert, dass dies nicht ohne weiteres als »anekdotisch« abgefertigt werden kann. Anekdoten in einem solchen Umfang sind *Daten*. Die Natur besteht nicht nur aus blutroten Zähnen und Klauen, sondern auch aus Empathie und Hilfsbereitschaft. Die Fähigkeit zur Empathie und Hilfsbereitschaft ist indessen nicht ausreichend, um mit Recht als moralischer Akteur bezeichnet zu werden. Ein Wesen kann nur dann moralisch handeln, wenn: (1) es mehrere *Handlungsalternativen* gibt, (2) das Wesen diese Alternativen in einer normativen Perspektive *abwägen* kann und (3) das Wesen zwischen diesen Alternativen *wählen* kann. Über eine solche Fähigkeit verfügen, soweit uns bekannt ist, ausschließlich Menschen. Darwin stimmte dem zu. Er schrieb: »Ein moralisches Wesen ist im Stande, seine vergangenen und zukünftigen Handlungen oder Beweggründe mit einander zu vergleichen und sie zu billigen oder zu mißbilligen.«[122] Seiner Meinung nach verfügen nur Menschen über diese Fähigkeit, aber auch andere Tiere würden sie nach und nach entwickeln.

Deshalb können wir moralische Anforderungen an den Menschen stellen, nicht aber an das Tier. Deshalb *sind* Schimpansen nicht böse, auch wenn sie so wirken, wenn wir bei der Betrachtung ihres Verhaltens die moralische Brille aufsetzen. Der Mensch ist das einzige Wesen, das ausgehend von *Gründen handeln* kann. Das erfordert spezielle kognitive Fähigkeiten, über die andere Tiere offenkundig nicht verfügen. Franz de Waal schlussfolgert, dass Tiere, darunter seine Schimpansen, nicht ausgehend von *Gründen* handeln können und gerade deshalb keine Moral im vollwertigen Sinn haben, auch wenn er überzeugend dafür argumentiert, dass sie im Besitz einer Reihe von Eigenschaften sind, die als Bausteine auf dem Weg hin zu einer Moral betrachtet werden können.[123] Es ist im Übrigen merkwürdig, dass es weitaus gängiger ist, Menschen mit Schimpansen zu vergleichen anstatt mit Bonobos (Zwergschimpansen), obwohl wir mit den Bonobos ebenso nah verwandt sind. Wo das Schimpansenleben aggressiv und nach einem streng hierarchischen System, mit dem Alphamännchen an der Spitze, geregelt ist, ist das Bonoboleben von flacheren Strukturen geprägt, mit einem Weibchen an der Spitze, wenig Rivalität unter den Männchen um die Gunst der Weibchen, wenig Kämpfen und dem Umstand, dass jeder Sex mit jedem hat. Die Bonobos sind die Hippies der Tierwelt. Während die Tötung der Nachkommen anderer bei Schimpansen üblich ist, ist dies bei Bonobos nicht dokumentiert. Selbstverständlich unterscheidet sich das Menschenleben ebenfalls deutlich vom Bonoboleben, es ähnelt ihm jedoch mindestens genauso sehr wie dem Schimpansenleben.

David Hume behauptet, dass Tiere im Besitz gewisser natürlicher Tugenden sind wie Mut, Ausdauer, Treue und Freundlichkeit, er unterstreicht jedoch, dass es ihnen an der Vernunft fehlt zu erkennen, was Tugenden und was Laster sind.[124] Indem er ihnen natürliche Tugenden zuschreibt, bewegt er sich indessen ein Stück weit in die Richtung, in ihren Leben eine moralische Dimension anzuerkennen. Können Tiere ausgehend von einem Gefühl der Sympathie mit einem anderen Tier oder einem Menschen handeln? Das wirkt keineswegs unangemessen. Innerhalb eines biologischen Erklärungsrahmens wird ein solches Verhalten so betrachtet werden, als handele es sich in letzter Instanz um Eigennutzen, entweder indem die Weiterführung der eigenen Gene durch einen Verwandten als gesichert angenommen wird oder indem eine entsprechende Gegenleistung erwartet wird. Ungeachtet dessen können Tiere emotional so eingerichtet sein, dass sie den Wunsch haben, anderen zu helfen oder die Schmerzen anderer zu lindern. Das bedeutet, gefühlsmäßig in einer Weise gestimmt zu sein, die wir normalerweise als moralisch gut betrachten. In diesem Fall können wir sagen, dass selbst wenn Tiere nicht als moralische Akteure betrachtet werden sollten, sie ein moralanaloges oder protomoralisches Verhalten aufweisen können. Einige Tiere können Grenzen ziehen, die von uns gezogenen moralischen Distinktionen ähneln. Einzelne Schimpansen unterscheiden zwischen Akteuren, die ihnen kein Futter geben *wollen*, und Akteuren, die ihnen kein Futter geben *können*. Sie können also, ausgehend von einer komplexeren Betrachtungsweise als ausschließlich der, die ihnen ein gewünschtes Ergebnis liefert, eine Situation beurteilen, deren Ergebnis nicht ihren Präferenzen entspricht.

Ein Teil der Tiere befindet sich sozusagen direkt vor der Tür zum moralischen Universum. Um die Türschwelle jedoch zu überqueren, sind gewisse mentale Eigenschaften erforderlich, die keinen Tieren zugeschrieben werden können. Auch wenn Tieren also keine Moral zugeschrieben werden sollte – wenn wir mit »Moral« mehr meinen als eine Fähigkeit, ausgehend von einem Gefühl der Empathie handeln zu können –, bedeutet das nicht, dass Tiere keinen moralischen Status haben. Die Frage ist nurmehr, welchen moralischen Status sie haben sollen.

In einem Essay von 1975 schreibt der französische Philosoph Emmanuel Levinas über den Hund Bobby.[125] Bobby kam eines Tages in das Gefangenenlager spaziert, wo Levinas und seine jüdischen Mithäftlinge es gewohnt waren, von den Aufsehern wie Untermenschen behandelt zu werden. Dass sie wie andere Menschen aussahen und dasselbe Verhalten hatten, war irrelevant. Sie waren *Juden*, und deshalb hatten sie in den Augen der Lagerbetreiber keinen Platz in der Menschheit. Bobby trennte hingegen nicht zwischen Juden und Nichtjuden, zwischen »Untermenschen« und Menschen. Vielmehr begegnete er den jüdischen Gefangenen in den Wochen, in denen er bei ihnen sein durfte, bevor die Aufseher ihn wegjagten, mit funkelnden Augen und wedelndem Schwanz. Bobby hatte nicht den geringsten Zweifel, dass Levinas und seine Mithäftlinge Menschen waren und ließ ihnen so gesehen eine Anerkennung zuteilwerden, die sie von den Aufsehern nicht bekamen. Für Levinas hatte dieser Hund in gewissem Sinne mehr von einem Menschen als die Aufseher, und er beschreibt Bobby als »den letzten Kantianer in Nazideutschland«, nicht ohne Ironie, zumal Adolf Eichmann seinerseits sich bekanntermaßen selbst als Kantianer bezeichnete. Für denjenigen, den diese Begegnung zwischen Mensch und Tier warm ums Herz gestimmt hat, nimmt Levinas' Essay an dieser Stelle eine überraschende Wendung. Er zieht nämlich eine klare Grenze zwischen Menschen und Tieren und lehnt sich gegen Kant auf. Levinas unterstreicht, dass Bobby nicht über die »Hirnkapazität« verfügte, die erforderlich ist, um Handlungsmechanismen mit der Vernunft zu universalisieren, wie Kants Ethik es erfordert.

In seiner *Anthropologie* schreibt Kant, dass der Mensch »ein von Sachen, dergleichen die vernunftlosen Tiere sind, mit denen man nach Belieben schalten und walten kann, durch Rang und Würde ganz unterschiedenes Wesen« ist.[126] Es muss hinzugefügt werden, dass selbst wenn Kant behauptet, Tiere seien wie bloße Dinge zu betrachten, sie offensichtlich nicht *ganz* wie andere Dinge sind. In seinen Vorlesungen über die Ethik behauptet er, dass ein Mann, der seinen Hund erschießt, wenn er ihm nicht mehr zu Diensten sein kann, falsch handelt.[127] Hingegen würde er nicht meinen, dass derjenige, der ein Paar ausrangierte Schuhe wegwirft, falsch handelt. Warum meint Kant, es wäre falsch, den Hund zu erschießen? Er weist zurück, dass es eine Kränkung der Rechte des Hundes sei, denn dieser habe keine Rechte. Wir haben auch keine direkten Verpflichtungen gegenüber dem Hund, er meint jedoch, dass wir eine Art indirekte Pflichten hätten, wobei es sich eigentlich um Pflichten handelt, die wir gegenüber uns selbst haben. Indem wir Tiere inhuman behandeln, zerstören wir unsere eigene Menschlichkeit. Deshalb sollten wir Tiere gut behandeln, weil es unsere Fähigkeit fördert, Menschen gegenüber gut zu handeln. Das ergibt wohl nur Sinn, wenn Tiere eine Art Sache sind, die nicht ganz wie andere Sachen sind. Unmittelbar wären die meisten wohl der Meinung, dass eine Person, die einem Tier dem eigenen Vergnügen halber Schmerzen zufügt, dem Tier an sich gegenüber etwas Falsches tut und nicht nur gegenüber seiner eigenen moralischen Persönlichkeit. Levinas scheint sich gegen eine solche kantianische Sicht auf den moralischen Status des Tieres aufzulehnen.

Bobby sah Levinas' Gesicht. Levinas war jedoch nicht in der Lage, Bobbys zu sehen. Das ist sonderbar. Für Levinas befänden sich die Aufseher, die ihn nicht als Menschen anerkannten, innerhalb der Grenzen der Ethik, als verletzliche Wesen mit dem Anspruch auf Schutz, während Bobby, der Levinas faktisch als Mensch anerkannte, von seiner Ethik nicht in derselben Weise beschützt würde. Warum sollte ein Fehlen der Fähigkeit, Maximen zu universalisieren, für Levinas entscheidend sein? In Bezug auf kleine Kinder, die die Fähigkeit, Maximen zu universalisieren, noch nicht erworben haben, nimmt er diese Schlussfolgerung nicht vor. Der Grundprämisse in Levinas' Ethik zufolge entspringt das Ethische einer Begegnung von Angesicht zu Angesicht mit einem anderen Menschen. Die Verletzlichkeit, die in diesem Gesicht zum Vorschein kommt, ist die Quelle des Anspruchs der Moral. Also lautet die Frage: Können nur Menschen ein Gesicht haben? Kann die Ethik nur Menschen umfassen? Unmittelbar wirkt es einleuchtend, dass Bobby ein Gesicht gehabt hat. Er hatte zwei Augen, zwei Ohren, eine Nase und einen Mund. Des Weiteren war dieses Gesicht mit einem Bewusstsein verbunden. Das geht aus der Beschreibung Levinas' hervor, wie er und die anderen Juden von Bobby als vollwertige Menschen anerkannt wurden: Man kann von nichts anerkannt werden, das kein Bewusstsein hat. Was fehlte Bobby eigentlich? Hatten seine Augen die falsche Farbe, oder war seine Nase zu lang? Direkt gefragt, antwortet Levinas, dass man nicht vollends verneinen kann, dass Tiere ein Gesicht haben, und behauptet zum Beispiel, dass man durch das Gesicht einen Hund versteht.[128]

Levinas zeigt sich einverstanden damit, dass Tiere Bedürfnisse haben, auch wenn er meint, dass menschliche Bedürfnisse weniger eindeutig sind als die der Tiere, weil sie immer kulturell interpretiert sind.[129] Dennoch muss gesagt werden, dass, auch wenn die

Bedürfnisse der Tiere eindeutiger sind als die der Menschen, es sich ebenso sehr um Bedürfnisse handelt, und darin liegt eine Verletzbarkeit. Unterdessen liegt das Gesicht beim Tier nicht in derselben »reinen Form« vor wie beim Menschen. Das Tierleben ist aus Sicht Levinas voll und ganz ein Kampf ums Dasein. Das ist ein Leben außerhalb der Ethik, und deshalb begegnen uns die Tiere auch nicht mit der gleichen ethischen Kraft. Er meint, Tiere verfügen nicht über die Fähigkeit, anderen gegenüber interessenlos zu sein, sich nur des anderen wegen um andere zu kümmern.[130] Das Tierleben sei »reine Vitalität«, und das Tier sei von seinen Bedürfnissen »gefangen«. So betrachtet, lebt es sein Leben durch und durch von sich selbst umschlossen. Der Mensch hingegen wird durch eine Offenheit gegenüber anderen charakterisiert. Der Mensch kann seine Biologie überschreiten, und das erfordert, dass man sein eigenes Leben für andere opfern kann.

Man kann sich über diese Behauptungen wundern. Das, was Levinas und den anderen Gefangenen in Bobbys Blick begegnet ist, lässt sich in keiner angemessenen Weise als »ein Kampf ums Dasein« beschreiben. Vielmehr war es ein Blick der Freundlichkeit und der Ergebenheit. Er scheint absolut als ein Blick von Offenheit charakterisiert werden zu können. Levinas schreibt explizit, dass Bobby sie »willkommen« hieß. Und was ist mit Tieren, die ihr eigenes Leben für ihre Nachkommen oder ihren Besitzer riskieren? Wichtiger als das: Man sollte glauben, dass für eine Ethik, die die Verletzbarkeit des anderen zum Ausgangspunkt nimmt, eine Anerkennung der Verletzbarkeit, die wir faktisch mit den Tieren teilen, ausreichend ist, um sie in die Ethik einzugliedern, so wie Levinas Ethik versteht. Er sagt, etwas halbherzig, dass wir Tiere nicht unnötig leiden lassen sollten, da sie zweifellos leiden können, belässt es aber dabei.

Menschen und andere Tiere

Was meine ich eigentlich mit dem Ausdruck »Tier«? In der neueren Biologie ist es üblich, ein Tier als einen mehrzelligen Organismus zu definieren, der nicht über die Fähigkeit zur Photosynthese verfügt, der Nahrung zu sich nimmt und diese in einem Darm verdaut. Demzufolge sind Amöben keine Tiere. Zudem gibt es Wesen, die sich in einer Grauzone befinden, wie Schwämme: Sie haben keine Organe und kein Darmsystem, sie haben jedoch unterschiedliche Zellen, die verschiedene Aufgaben ausführen, und so gesehen ähneln sie Tieren. Es ist üblich, die Schwämme zu den Tieren zu rechnen, auch wenn ihnen mehrere der Eigenschaften fehlen, die man im Ausgangspunkt voraussetzt, um etwas als ein Tier zu betrachten. Ungeachtet dessen ist klar, dass es keine unproblematische Abgrenzung zwischen Tieren und Pflanzen gibt. Wenn die Klasse der »Tiere« so kolossal groß ist und Wesen mit so extrem unterschiedlichen Eigenschaften beherbergt, ist es auch etwas irreführend, von ihnen zu sprechen, als seien sie etwas Einheitliches, wie wenn wir darüber sprechen, was es heißt, »Tiere zu verstehen«.

Die meisten werden »Tiere« als »alle anderen Tiere außer dem Menschen« verstehen. Die Frage ist, inwieweit es sich dabei um eine zweckmäßige Variante handelt, die Welt aufzuteilen. Wir klassifizieren die Welt so, dass der Mensch buchstäblich einzigartig wird, ein Wesen ganz für sich allein, während alles andere Leben mit der Fähigkeit zur Eigenbewegung zu etwas Einheitlichem zusammengefasst wird. Gerade weil wir die Welt normalerweise in die Menschen auf der einen Seite und die Tiere auf der anderen Seite einteilen, kann leicht vergessen werden, dass auch Menschen Tiere sind. Darwin war keineswegs der Erste, der uns gebührend innerhalb des Tierreichs platziert hat. Zum Beispiel schreibt Carl von Linné in einem Brief, dass er, basierend auf der Naturgeschichte, keinen generischen Unterschied zwischen Menschen und Affen finden kann. Weiter schreibt er, dass er Schwierigkeiten mit der Kirche bekommen hätte, hätte er den Menschen einen Affen oder den Affen einen Menschen genannt, unterstreicht aber, dass er als Naturwissenschaftler vielleicht trotzdem gerade das hätte tun sollen.[131] Wir Menschen aber sind ganz sonderbare Tiere, mit einigen wichtigen Eigenschaften, die man an keiner anderen Stelle des Tierreichs findet, zumindest nicht in gleichem Ausmaß.

Wir haben Linnés Klassifikation des Tierlebens akzeptiert, auch wenn sie nach seiner Zeit modifiziert wurde, wir hätten jedoch auch vollkommen andere Klassifikationen verwenden können. Vor Linné war es üblich, Tiere ausgehend davon zu klassifizieren, wie sie sich bewegen (kriechen, gehen, schwimmen, fliegen), wo sie sich aufhalten (Wasser, Boden, Luft) oder welche Form sie haben. Solche Einteilungen verfügen über eine gewisse Plausibilität, und ich selbst muss zugeben, dass es mir nie ganz gelungen ist, mich damit abzufinden, dass der Wal kein Fisch ist. Ist das australische Schnabeltier ein Kriechtier oder ein Säugetier? Es kommt darauf an, wie Sie gewichten. Die einfachste Antwort lautet vielleicht, dass das Schnabeltier sowohl ein Kriechtier als auch ein Säugetier ist. Das Problem dabei ist, dass es uns bei unserem Versuch, die Welt in einer logischen Weise zu klassifizieren, wo ein Tier in die eine *oder* die andere Kategorie gehört, Schwierigkeiten bereitet. Für das Kriechtier selbst ist das vermutlich höchst unproblematisch. Klassifikationen wohnt stets eine gewisse Willkür inne. Wir können die Welt in unterschiedlichen Weisen einteilen, wobei wir einige von ihnen auswählen, selbst wenn wir uns nüchtern betrachtet auch dazu hätten entscheiden können, es ganz anders zu machen. In *Die Ordnung der Dinge* zitiert der französische Philosoph Michel Foucault eine Liste von Tieren, die sich in »einer gewissen chinesischen Enzyklopädie« finden sollen:

a) Tiere, die dem Kaiser gehören, b) einbalsamierte Tiere, c) gezähmte, d) Milchschweine, e) Sirenen, f) Fabeltiere, g) herrenlose Hunde, h) in diese Gruppierung gehörende, i) die sich wie Tolle gebärden, j) die mit einem ganz feinen Pinsel aus Kamelhaar gezeichnet sind, k) und so weiter, l) die den Wasserkrug zerbrochen haben, m) die von Weitem wie Fliegen aussehen.[132]

Dabei handelt es sich um ein fiktives Beispiel, das Foucault einem Essay des argentinischen Schriftstellers Jorge Luis Borges entnommen hat.[133] Bei der Liste handelt es sich um ein Beispiel für eine Aufteilung oder Klassifizierung, die uns vollkommen fremd ist. Nun muss gesagt werden, dass es kaum irgendeine Klassifizierung des Tierreichs gibt, die so sonderbar ist wie diese, aber gerade weil dieses Beispiel seltsam ist, zeigt es uns so deutlich, dass die Welt in vollkommen anderer Weise eingeteilt werden kann als der unseren. Man kann sagen, dass unseren Klassifikationen etwas Willkürliches anhaftet, was auch auf die Klassifikation der Welt als bestehend aus dem Tierreich auf der einen Seite und uns Menschen auf der anderen Seite zutrifft. Ein wichtiger Aspekt solcher Klassifikationen ist, dass sie auch mitbestimmen, wie wir die Welt erleben. Indem wir die Welt in einer Weise aufteilen, bei der sich alle anderen Tiere im Wesen von uns unterscheiden, werden wir sie auch in höherem Ausmaß als wesensverschieden erleben.

Am Ende sind alle einzelne Individuen. Zwischen unterschiedlichen Individuen der gleichen Art oder Rasse gibt es große Variationen. Einige Hunde sind mutig, andere ängstlich, einige sind sozial, während andere scheu sind, einige sind stabil, wo andere labil sind, und einige sind dominant, während andere unterwürfig sind. Das Gleiche trifft auf Katzen zu. Auch wenn meine Katzen Lasse und Geir, die Zwillinge mit demselben Erbgut und somit vom Aussehen her nahezu identisch waren (abgesehen davon, dass Lasse beträchtlich größer war als Geir) und jeden Tag miteinander verbracht haben, hatten sie unterschiedliche Persönlichkeiten. Allgemeine Begriffe wie »Katze« überdecken diese Unterschiede. Um die Welt zu erfassen, um eine Übersicht über all diese Einzelindividuen zu erhalten, müssen wir indessen Generalisierungen verwenden. Wobei einige Generalisierungen durchaus treffender sein werden als andere.

In Darlegungen dessen, was Menschen von anderen Tieren unterscheidet, gibt es viele Vorschläge: eine Seele, also ein transzendentes Element haben, selbstbewusst sein, sich seiner eigenen Sterblichkeit bewusst sein, über eine Sprache verfügen, Begriffsfähigkeit besitzen, Werkzeuge verwenden, Werkzeuge herstellen, Humor haben, Geschichtsbewusstsein haben, ästhetischen Sinn haben, eine objektive Wirklichkeit erkennen können, die Fähigkeit besitzen, über Denken nachzudenken, Moral haben usw. Früher glaubte ich, dass Tiere sich nicht langweilen könnten, und schloss mich der Behauptung Johann Wolfgang von Goethes an, dass Affen als Menschen betrachtet werden müssten, wenn sie in der Lage wären, sich zu langweilen.[134] Mittlerweile glaube ich absolut, dass Affen sich langweilen können, und dasselbe gilt für viele andere Arten, ohne dass ich sie aus diesem Grund als Menschen anerkennen möchte. *Dort* verläuft die Trennlinie nicht, jedoch ist es notorisch schwer zu sagen, wo sie denn verläuft.

In neuerer Zeit hat sich gezeigt, dass immer mehr der Eigenschaften, die man sich als einzigartig beim Menschen vorgestellt hat, faktisch in Varianten bei vielen anderen Tierarten zu finden sind. Oft wurde die Eigenschaft zuerst bei Affen nachgewiesen, anschließend bei anderen Säugetieren und in einigen Fällen auch bei Vögeln und anderen Arten. Es handelt sich um Eigenschaften wie das Benutzen von Werkzeugen, das Herstellen von Werkzeugen, die Kommunikation mit Zeichen, etwas lehren, das Vorgreifen zukünftiger Ereignisse und so weiter. Die Verwendung von Werkzeugen ist weit verbreitet. Ägyptische Geier verwenden Steine, um harte Straußeneier zu öffnen, und Seeotter verwenden Steine, um Muscheln zu öffnen. Schimpansen verwenden zwei Steine, beinahe wie Hammer und Amboss, um Nüsse zu zerschlagen. Darwin behauptete, das *Herstellen* von Werkzeugen sei einzigartig für den Menschen, aber auch das stimmt nicht. Es war eine Sensation, als Jane Goodall 1960 dokumentierte, wie wilde Schimpansen in Tansania Werkzeuge nicht nur benutzten – sie *fertigten* sie auch. Später wurde das in vielen Studien bestätigt. Wenn sie Werkzeuge herstellen, unternehmen sie nicht einfach blind Versuche, bis sie eine funktionierende Lösung für ein praktisches Problem finden. Oft grübeln sie eine Weile, bevor sie eine bestimmte Lösung ausprobieren. Schimpansen zermalmen Blätter, um Schwämme herzustellen, die sie zum Aufsammeln von Wasser aus hohlen Baumstämmen verwenden. Sie befreien Zweige von Blättern, damit sie diese durch kleine Öffnungen stecken und somit Insekten sammeln können. Noch beeindruckender ist, dass sie verschiedene Werkzeuge miteinander kombinieren können, sodass sie eins zum Durchbohren einer Fläche nutzen, ein anderes zur Verbreiterung des Loches und ein drittes, zum Einsammeln des Futters aus dem Inneren. Erwachsene Schimpansen bringen jüngeren die Verwendung der Werkzeuge bei, und sie scheinen auch den Einsatz von Werkzeugen für spätere Situationen zu planen, indem sie Werkzeuge herbeischaffen, die sie lagern, bis sie dafür Verwendung haben.

Bei vielen Eigenschaften ist der Abstand zwischen Tieren und Menschen kleiner, als wir früher angenommen haben. So gesehen können wir mit gutem Grund behaupten, dass der Unterschied zwischen »uns« und »ihnen« geringer geworden ist. Etliche der gleichen Studien haben andererseits aufgedeckt, welche Kluft im Auftreten dieser Fähigkeiten bei anderen Tieren und uns Menschen besteht. Zur Beantwortung der Frage, was der entscheidende Unterschied zwischen Mensch und Tier ist, müssen wir vermutlich die Frage beantworten können, die Kant zufolge alle anderen philosophischen Fragen in sich aufnimmt: Was ist der Mensch?

Gibt es überhaupt etwas einzigartig Menschliches? Das Erröten ist ein starker Kandidat. Darwin beschrieb dies als »die charakteristischste und menschlichste aller Ausdrucksformen«.[135] In einem trivialen Sinne sind Menschen selbstverständlich einzigartig. Kein anderes Tier ist genau wie wir. Im gleichen trivialen Sinne sind aber auch alle anderen Arten einzigartig. Auch sind keine anderen Tiere als Katzen genau wie Katzen. Die Frage ist vielmehr, ob wir in einem nichttrivialen Sinne einzigartig sind. Ein nichttrivialer Unterschied ist die Fähigkeit des Menschen zu moralischem Handeln und Verantwortung. Eine andere Antwort ist, dass unsere sprachlichen Fähigkeiten uns einzigartig machen. In diesem Fall sind wir zurück bei der aristotelischen Definition des Menschen als das Lebewesen, das allein über die Sprache verfügt.[136] Die Sprachfähigkeit ist ein nichttrivialer Unterschied, ein Fehlen von Sprache impliziert jedoch nicht ein Fehlen von Bewusstsein, Denken und Gefühlen.

Aus der Sicht David Humes unterscheidet sich der Mensch von anderen Tieren nicht zuletzt aufgrund seiner Abhängigkeit von Werkzeugen und Ähnlichem, um überhaupt zu überleben.[137] Unser weiter entwickelter Intellekt ist für unser Überleben notwendig, weil uns die Natur rein physisch betrachtet so schlecht ausgestattet hat. Wir sind so gefährdet, dass wir Werkzeuge herstellen, Hütten und Häuser bauen, Kleidung weben müssen und so weiter, um nicht der Übermacht einer gnadenlosen Natur zu erliegen. Man kann einwenden, dass Hume hier den Karren vor das Pferd spannt. Gerade weil wir anfingen, unterschiedliche Technologien zu erfinden und weiterzuentwickeln, erhielten wir einen Überschuss, der eine Entwicklung des Intellekts und gleichzeitig eine Abwicklung natürlicher Eigenschaften ermöglichte, die ohne einen solchen Intellekt für das Überleben erforderlich waren. Vielleicht sollten wir nicht einmal sagen, dass wir es waren, die die Technologie erfunden haben, sondern es im Gegenteil die Technologie war, die uns erfunden hat. Menschen können als der Typ Wesen, der sie sind, nur existieren, weil es die Technologie gibt. Es gab Technologie, bevor es Menschen gab, zumindest Menschen, wie sie heute sind, und auch außerhalb der Welt des Menschen gibt es Technologie, zum Beispiel wenn Schimpansen Werkzeuge verwenden. Als unsere Vorfahren begannen, einen Stein gegen einen anderen zu schlagen, um einen scharfen Stein zu erschaffen, waren wir noch keine Menschen. Die Technologieentwicklung zu dieser Zeit war langsamer als heute, und es dauerte etwa eine Million Jahre, bevor jemand diesen scharfen Stein an einem Stock befestigte und somit die erste Axt herstellte. Eine solche Technologieentwicklung ermöglichte die Entwicklung eines größeren Gehirns, weil sie Ressourcen freigab.

Es hat offensichtlich den Anschein, dass Sie und ich weitaus mehr mit Tieren wie Schimpansen, Hunden und Katzen gemeinsam haben als diese Tiere wiederum mit beispielsweise Regenwürmern. Deshalb ergibt eine Einteilung der Welt, bei der wir Menschen auf der einen Seite der Grenze stehen, während Schimpansen und Regenwürmer auf der anderen Seite stehen, ein schiefes Bild. Auf der anderen Seite sollten wir nicht unterschätzen, wie enorm der Unterschied zwischen uns und selbst unseren nächsten Verwandten innerhalb anderer Arten ist. Wie der amerikanische Primatologe Marc Hauser es formuliert hat: »Meiner Vermutung nach werden wir letztendlich herausfinden, dass der Abstand zwischen der Erkenntnis des Menschen und des Tieres, selbst eines Schimpansen, größer ist als der Abstand zwischen einem Schimpansen und einem Käfer.«[138] Das ist eine heftige Behauptung, und es ist alles andere als klar, wie man einen solchen Vergleich durchführen soll, gleichzeitig ist aber auch klar, dass der Unterschied tatsächlich enorm ist. Würden Besucher von einem fremden Planeten kommen und eine Übersicht über alles Leben auf der Erde erstellen wollen, läge es durchaus nahe, wenn sie eine scharfe Grenze zwischen den Menschen und allen anderen Tieren zögen, sodass wir eine eigene Kategorie ausmachten, während alle anderen Tiere in einer anderen Kategorie platziert würden.

Ohne die enormen Unterschiede zwischen Schimpansen, Sperlingen, Lachsen und Regenwürmern nicht anzuerkennen, ist es ebenso sehr eine Tatsache, dass keiner von ihnen jemals einen Roman geschrieben, Naturgesetze entdeckt, einen Computer hergestellt oder eine Atombombe hat detonieren lassen.

Keiner von ihnen hat jemals die Möglichkeit erwogen, etwas von diesen Dingen zu tun. Auch weist keine andere Art als der Mensch eine so große Variation in Sitten und Gebräuchen auf. Meine Hündin weist ein paar drollige Verhaltensmuster auf. Als ich noch nicht so viele andere Whippeter gesehen hatte, glaubte ich, es handele sich um besondere Eigenarten von ihr, jedoch finden sich genau dieselben Verhaltenszüge auch bei den meisten anderen Whippetern. Whippeter unterscheiden sich von Pudeln und Schäferhunden, und Whippeter unter sich können als ziemlich gleich erscheinen. Die relativ festen Unterschiede im Verhalten der unterschiedlichen Rassen müssen mit der genetischen Variation zwischen ihnen erklärt werden. Letzten Endes findet sich im Verhalten meiner Hündin nicht *so* viel Flexibilität. Auch bei Tieren der gleichen Art gibt es Variationen zwischen Individuen, Gruppen und Rassen. Zum Beispiel gibt es Praktiken, die nur bei Schimpansen in einer Region zu finden sind, nicht aber in einem anderen, ohne dass es irgendeine genetische Variation gibt, die diesen Unterschied erklären könnte, und wir können behaupten, dass einige Arten das haben, was wir als eine Kultur bezeichnen können, dennoch ist das immer noch ungeheuer weit entfernt von der kulturellen und individuellen Variation, die wir bei den Menschen finden.

Was ist mit den Tieren, die uns biologisch am nächsten stehen? Untersucht man die Erinnerung, den Gebrauch von Werkzeugen und das Verständnis des Zusammenhangs zwischen Ursache und Wirkung, schaffen es erwachsene Affen im Großen und Ganzen auf etwa dem gleichen Niveau wie Menschenkinder im Alter von zwei bis drei Jahren zu agieren, und das ist an und für sich schon beeindruckend, jedoch weit unter dem Niveau dessen, was erwachsene Menschen beherrschen. Betrachtet man die sozialen Fertigkeiten, dann sind hier auch so kleine Kinder bereits weitaus leistungsfähiger als erwachsene Schimpansen. Im Verständnis von Gesten und Intentionen anderer sind die Kinder den Schimpansen überlegen. Menschen besitzen die Fähigkeit, von anderen zu lernen und nicht zuletzt anderen etwas beizubringen und miteinander zu kommunizieren, was all das übersteigt, was wir bei anderen Tierarten finden. Bereits im Alter von drei, vier Jahren sehen Kinder ein, dass andere Menschen unwahre Auffassungen haben können, dass sie zum Beispiel glauben können, dass etwas in einer Kiste liegt, während das Kind seinerseits weiß, dass die Kiste leer ist. Schimpansen scheinen das nie zu lernen. Auch wenn es beeindruckend ist, dass ein Schimpanse Leistungen auf dem Niveau eines menschlichen Zweijährigen vollbringt, ist es wert, sich in Erinnerung zu rufen, dass der Lernprozess des Kindes zu diesem Zeitpunkt gerade erst begonnen hat, während der Schimpanse bereits seine Grenze erreicht hat.

Dass 98 oder 99 Prozent unserer Gene mit denen von Schimpansen übereinstimmen, bedeutet nicht, dass »der Mensch zu 99 Prozent Schimpanse ist«. Man sollte diese Prozentzahl mit Vorsicht genießen. Welche Prozentzahl man erhält, ist abhängig davon, wie man zählt. Übliche Schätzungen liegen zwischen 94 und 99 Prozent, jedoch sind mir auch Schätzungen bis hinunter auf 75 Prozent bekannt. Bei einer Zählweise, bei der unsere DNA zu rund 98,5 Prozent mit der von Schimpansen übereinstimmt, stimmen 92 Prozent unserer DNA mit Mäusen und 60 Prozent mit Fruchtfliegen überein. Rund 50 Prozent unserer DNA stimmen allerdings mit der von Bananen überein. Ebenso wenig, wie wir sagen können, dass eine Person »halb Banane« ist, weil 50 Prozent der DNA des Betreffenden mit der von Bananen übereinstimmen, können wir sagen, dass der Betreffende zu 98,5 Prozent Schimpanse ist. Diese Prozentzahlen können uns im Grunde nicht so viel sagen, weil der Vergleich zwischen Organismen nicht auf den Vergleich ihrer DNA reduziert werden kann. Menschen sind keine Affen, und das gilt sowohl für die Genetik als auch für die Anatomie und die Psychologie. Affen sind entwickelt, um auf Bäume zu klettern, während Menschen dazu entwickelt sind, auf dem Boden zu laufen. Zwar können auch Affen auf dem Boden laufen und Menschen auf Bäume klettern, jedoch liegt darin jeweils nicht ihre wirkliche Stärke.

Relativ einzigartig ist die Fähigkeit des Menschen zur Zusammenarbeit. Man denke nur an all die Menschen, die zusammenarbeiten müssen, damit wir ein

Buch lesen können. Der Autor ist selbstverständlich wichtig, aber auch der Verlagsredakteur und der Umschlagdesigner. Weiterhin muss Papier hergestellt werden, das an eine Druckerei geliefert wird, wo der Text auf das Papier gebracht wird und die Seiten gebunden werden. Wieder andere sorgen für die Distribution an den Buchhandel und die Leser. Vorab war es zudem entscheidend, dass jemand einen Stift hergestellt hat, und allein die Menge an Zusammenarbeit, die es erfordert, um etwas so einfaches wie einen Stift zu produzieren und diesen in die Hand des Autors zu befördern, ist beachtlich. Des Weiteren mussten ein Computer und ein Textverarbeitungsprogramm entwickelt und hergestellt werden, damit der handgeschriebene Text übertragen werden konnte. Die Gesamtmenge an Zusammenarbeit, die stattfinden muss, damit ein Leser ein Buch in der Hand halten kann, ist enorm. Keine andere Tierart kann mit einer solchen Komplexität zusammenarbeiten und Produkte fertigen, die so viele unterschiedliche Operationen erfordern. Auf der Erde gibt es Millionen von Arten, und viele von ihnen bauen Sachen wie Nester, Haufen oder Dämme, und viele von ihnen können, wie wir gesehen haben, Werkzeuge benutzen oder sogar herstellen. Viele Arten weisen eine verblüffende und faszinierende Intelligenz auf – die Trennung zwischen uns Menschen und anderen Tieren ist dennoch beträchtlich. Die Menschheit wird durch eine Variation im Verhalten charakterisiert, die das übersteigt, was wir bei anderen Arten finden. Die Variation im Verhalten, die sich bei anderen Arten findet, kann am häufigsten durch genetische Variation erklärt werden, jedoch nicht immer, weil sich auch bei Gruppen, die an unterschiedlichen Orten leben, Unterschiede im Verhalten finden, wo es jedoch wenig genetische Variation zwischen den Gruppen gibt. Wir können davon sprechen, dass bestimmte Traditionen bei Tieren kulturell von Generation zu Generation weitergeführt werden, erneut muss jedoch betont werden, dass dies nicht annähernd der Komplexität entspricht, die wir beim Menschen finden. Beim Menschen gibt es durchgehend wenig genetische Variation, während die Variation im Verhalten sehr groß ist. Wir sind flexible Wesen.

David Hume interessierte sich dafür, wie groß die Übereinstimmungen zwischen Menschen und Tieren im großen Ganzen waren, aber auch er war nicht blind für die Unterschiede. Der vielleicht größte Unterschied besteht darin, dass Tiere nicht über die Fähigkeit zur sogenannten Metakognition verfügen, auch wenn Hume nicht exakt diesen Begriff verwendet hat. Der Punkt ist: Selbst wenn Tiere unterschiedliche mentale Zustände *haben* können, so können sie nicht über diese Zustände *reflektieren*. Ihr Hund kann niedergeschlagen sein, und er kann auch begreifen, dass Sie niedergeschlagen sind, jedoch kann er weder Ihre noch seine Niedergeschlagenheit zu einem Reflexionsobjekt machen. Als Mensch verfügen Sie über die Fähigkeit, sowohl sich als auch Ihren Hund zu verstehen, auch wenn eingeräumt werden muss, dass Ihr Verständnis von beiden immer mangelhaft sein wird, Ihr Hund jedoch kann streng genommen weder Sie noch sich selbst verstehen.

Wenn Sie niedergeschlagen am Tresen einer Bar sitzen und mit starrem Blick ins Glas sagen: »Meine Frau versteht mich nicht«, so lautet die Antwort, dass sie es faktisch durchaus tut, wenn auch nicht so gut, wie sie glaubt, jedoch besser als praktisch alle anderen. Würden Sie hingegen ebenso tief ins Glas starren und sagen: »Mein Hund versteht mich nicht«, wäre diese Behauptung besser gedeckt. Ihr Hund kann jedoch an Ihrem Gefühl teilhaben, und auch das ist eine Form von Verständnis.

Wir Menschen sind allein im Menschsein. Wir sind jedoch nicht allein darin, erleben, mögen, leiden, hungern, verabscheuen, sich sehnen und lieben zu können. Darin liegt eine beträchtliche Möglichkeit zur Gemeinschaft.

Freundschaft

In einer Vorlesung berichtete der französische Philosoph Jacques Derrida davon, wie er eines Morgens, als er nackt im Bad stand, von seiner Katze in Augenschein genommen wurde, und es ihn überraschte, dass dieser Blick ein Schamgefühl in ihm auslöste.[139] Ich glaube, die Wenigsten reagieren so, wenn sie im Bad von ihrer Katze oder von ihrem Hund betrachtet werden. Dennoch meine ich, dass ein Aspekt Gültigkeit besitzt: Die Tiere können uns sehen, sie können unseren Blick erwidern und sich an uns wenden, uns vielleicht sogar anklagen und dadurch Gefühle wie Scham in uns wecken. Wenn wir diesem Blick, der sich an uns wendet, begegnen, sind die Tiere nicht nur ein »sie«, sondern gehören auch zu »uns«.

Können wir also mit Tieren Freundschaft schließen? Das hängt davon ab, was man in den Ausdruck »Freundschaft« legt. Aristoteles zufolge liegt in jeder Form von Freundschaft ein gegenseitiges Wohlwollen; die, die Freunde seien, wünschen einander Gutes.[140] Er unterscheidet zwischen drei Formen von Freundschaft. Die Nutzfreundschaft ist durch den Nutzen definiert, den man voneinander hat. Zudem gibt es eine auf Genuss basierende Freundschaft, wobei die Gesellschaft des anderen angenehm ist und man zusammen zum Beispiel Spaß haben kann. Die höchste Form der Freundschaft ist indessen eine Tugendfreundschaft unter Ebenbürtigen, die einander Gutes wollen und die Tugend des jeweils anderen bewundern. Kant beschreibt die Freundschaft als die höchste Form gegenseitiger Liebe.[141] Auch er unterscheidet zwischen unterschiedlichen Typen, die sich teilweise mit Aristoteles' Einteilung decken. Es gibt die Freundschaft des Bedürfnisses und die Freundschaft des Geschmacks, und diese sind mit der aristotelischen Nutzfreundschaft und Genussfreundschaft verwandt. Zudem gibt es eine Form von Freundschaft, die aus dem vollkommenen Vertrauen zweier Personen besteht, voreinander Gedanken, Geheimnisse und Gefühle preiszugeben.[142] Weder Aristoteles noch Kant wären bereit gewesen, die Beziehung zwischen einem Menschen und einem Tier als eine Freundschaftsbeziehung zu betrachten, und in beiden Fällen wäre es das Fehlen von Sprache und Vernunft beim Tier, was eine solche Beziehung unmöglich macht. Ich bin nicht überzeugt davon, dass sie darin recht haben. Das Fehlen von Sprache und Vernunft ist unvereinbar mit den Idealfreundschaften, die Aristoteles und Kant beschreiben, weil darin ein Austausch zwischen den Freunden stattfindet, der grundlegend sprachlich ist. Ohne Sprache können wir keine Gedanken über moralische Tugend austauschen oder Geheimnisse teilen. Nicht klar ist, ob das Gleiche auf

die anderen Formen von Freundschaft zutrifft: Nutz-
und Genussfreundschaft. Ihre Beziehung zu dem Tier
übersteigt das bloße Zufriedenstellen Ihrer eigenen
emotionalen Bedürfnisse – es findet sich auch eine
Fürsorge, die einem Verständnis der Bedürfnisse des
Tieres und einem Wunsch entspringt, dass das Tier
ein gutes Leben hat.

Wenn sich Ihre Katze auf Ihren Schoß legt, sich
streckt und zu einem Knäuel zusammenrollt, während sie schnurrt und die Krallen wechselweise aus-
fährt und wieder einzieht, ist klar, dass ihr die Situation gefällt, und wenn die Katze wiederholte Male
gerade ihren Schoß aufsucht, ist es mehr als angemessen, dies als einen Ausdruck dafür zu betrachten, dass
sie Sie mag oder gernhat. Jemand könnte sagen: Man
weiß doch nie, was im Bewusstsein des Tieres vor sich
geht, und da es dem Tier an Sprache fehlt, gibt es so
viel, was zwischen Mensch und Tier nicht geteilt werden kann. Das stimmt. Indessen gibt es auch viel,
was zwischen Menschen nicht geteilt werden kann,
und man weiß auch nie ganz sicher, was im Bewusstsein eines anderen Menschen vor sich geht. Selbst
wenn Sie mit engen Freunden oder jemandem, den
Sie lieben, ein Erlebnis teilen, gibt es Seiten an diesem Erlebnis, die nur Ihre sind und die Sie niemals
schaffen werden, den anderen voll und ganz zu vermitteln. Wenn Sie traurig sind, können Sie anderen
vermitteln, *dass* Sie traurig sind, *wie* sich diese Traurigkeit aber genau anfühlt, werden Sie kaum voll-

ständig kommunizieren können. Ihr Hund wird eine
Traurigkeit registrieren können, die viele Menschen
übersehen. Er denkt nicht über Ihre Traurigkeit
nach, reagiert jedoch so darauf, dass man sagen kann,
dass Sie beide diese Traurigkeit teilen. Dasselbe gilt,
wenn Sie fröhlich sind. Ein menschlicher Freund besitzt indessen die Fähigkeit, in Ihrem Namen fröhlich
oder traurig zu sein, was ein Hund oder eine Katze
niemals kann.

Auch wenn es große Unterschiede zwischen Menschen und anderen Tieren gibt, kann die Grenze zwischen dem Tierleben und dem Menschenleben recht
fließend sein. Dieses Tierleben ist uns nicht verschlossen. Zu lernen, Tiere zu verstehen, bedeutet auch zu
lernen, sich selbst zu verstehen. Zumindest wichtige
Seiten seiner selbst zu verstehen. Das Verständnis be-
ruht nicht nur darauf, dass Sie lernen, tierische Seiten an sich selbst zu sehen, sondern ebenso sehr darauf, dass Sie lernen, menschliche Seiten an dem Tier
zu sehen. Mein Verhältnis zu den Hunden und Katzen, mit denen ich zusammengelebt habe, ist keine
mangelhafte oder minderwertige Version des Verhältnisses, das ich zu anderen Menschen habe oder gehabt habe. Die Beziehungen sind *anders*, aus dem
einfachen Grund, weil diese Tiere anders sind als
Menschen.

Ich bin überzeugt davon, dass ich Gefühle habe,
die Hunde und Katzen nicht haben, wie ein Gefühl
von Scham oder Neid. Auf der anderen Seite betrach-

te ich es als mehr als wahrscheinlich, dass sie Gefühle haben, die ich nicht habe. Weil ich diese Gefühle nicht habe, kann ich sie bei den Tieren auch nicht identifizieren. Sie werden mir für immer unbekannt bleiben. Dennoch ist klar, dass es in unseren Gefühlsleben große Überlappungen gibt, und besonders diese Dimension ist es, in der wir die Tiere *verstehen* und sie nicht nur erklären können.

Je mehr Sie eine Art kennenlernen, desto mehr betrachten Sie die einzelnen Mitglieder dieser Art als Individuen. Keiner gleicht einem anderen vollkommen. Besonders auffällig ist das bei Tieren mit einem hoch entwickelten Bewusstsein, bei denen man, wenn man will, eine Individualität oder eine Persönlichkeit wahrnehmen kann. Dort ist *jemand*, und dieser *jemand* unterscheidet sich von allen anderen.

Im Zusammenleben mit einem Tier und dem Entwickeln einer Kommunikation – wobei das Tier lernt, Sie zu verstehen, und Sie das Tier – wird eine gemeinsame Welt aufgebaut. Es wird immer große Teile Ihrer Welt geben, an der das Tier nicht teilhaben kann, und umgekehrt. Durch das Zusammenleben wird die Welt, die man teilt, jedoch größer.

Dieses Buch ist meiner Mutter gewidmet, die einen ungewöhnlich guten Kontakt zu Tieren hatte und die mir, als ich ein Kind war, beibrachte, sie zu verstehen. Was sie mir beigebracht hat? Sie lehrte mich abzuwarten, dass ich mich nicht aufdrängen, sondern das Tier sich selbst präsentieren lassen solle. Sie brachte mir bei, dem Tier *zuzuhören*, und nicht zuletzt lehrte sie mich, das Tier zu *sehen*. Sie brachte mir bei, das Tier durch sein Verhalten selbst mitteilen zu lassen, wer es ist. Sie brachte mir bei, eine ruhige Offenheit gegenüber Tieren zu haben, und hat man die, dann folgt das Verständnis.

Dank

Am meisten danken muss ich Fia, Fritjof, Astor, Lasse, Geir und Luna, den Tieren, mit denen ich bisher zusammengelebt habe beziehungsweise zusammenlebe. Ein besonders großer Dank geht an Siri Sørlie und Iben Sørlie für ihre guten Ideen und ihren Enthusiasmus und nicht zuletzt dafür, es mit mir ausgehalten zu haben, als ich während des Schreibens unter der größten Monomanie litt. Ebenso möchte ich Joakim Botten, Erling Kagge, Erik Thorstensen, Espen Gamlund, Lene Renneflott und Dag Hessen für hilfreiche Anmerkungen zum Manuskript danken.

Anmerkungen

1 Stephen Jay Gould: *Leonardo's Mountain of Clams and the Diet of Worms: Essays on Natural History*, Cambridge MA 1998, S. 376.

2 Martin Heidegger: *Prolegomena zur Geschichte des Zeitbegriffs*, Frankfurt a. M. 1988, S. 409 f.

3 Ludwig Wittgenstein. *Vermischte Bemerkungen. Eine Auswahl aus dem Nachlass.* Hg. von Georg Henrik von Wright, unter Mitarbeit von Hekki Nyman. Neubearbeitung des Textes durch Alois Fischer. Frankfurt a. M. 1994, S. 5

4 Ludwig Wittgenstein: *Philosophical Investigations / Philosophische Untersuchungen*, Oxford ²1999, S. 223 / IIxi.

5 Für eine lesenswerte Darstellung dieser Zeichen, siehe: Genevieve von Petzinger: *The First Signs. Unlocking the Mysteries of the World's Oldest Symbols*, New York/London 2016.

6 Wittgenstein: *Philosophical Investigations / Philosophische Untersuchungen*, S. 82 / § 206.

7 Vgl. Wittgenstein: *Philosophical Investigations / Philosophische Untersuchungen*, S. 223 / IIxi.

8 Franz Kafka: »Ein Bericht für eine Akademie«, Aus: Sämtliche Erzählungen. Herausgegeben von Paul Raabe, Frankfurt a. M. 1970.

9 Immanuel Kant: *Anthropologie in pragmatischer Hinsicht*, Leipzig 1912 S. 283

10 Julien Offray de La Mettric: *Der Mensch eine Maschine*, übers., erl. u. eingel. v. Adolf Ritter, Berlin 1875, S. 18 f.

11 Für eine gute, kurzgefasste Übersicht über die Forschung zur Affensprache und die Diskussion darüber siehe John Dupré: »Conversations with Apes«, in: *Humans and Other Animals*, Oxford 2006, Kap. 11.

12 Vgl. Kevin N. Laland: *Darwin's Unfinished Symphony: How Culture Made the Human Mind*, Princeton/Oxford 2017, S. 178.

13 Marc D. Hauser, Noam Chomsky u. W.T. Fitch: »The faculty of language: what is it, who has it, and how did it evolve«, *Science* 298 (2002), S. 1569–1579.

14 Vgl. Ernst Cassirer: *Was ist der Mensch? Versuch einer Philosophie der menschlichen Kultur*, Stuttgart 1960, S. 31 f.

15 Ludwig Wittgenstein, »Ursache und Wirkung, Intuitives Erfassen« (1937), hrsg. v. Rush Rees, in: *Philosophia* 6 (1976), S. 403.

16 Wittgenstein: *Philosophical Investigations / Philosophische Untersuchungen*, § 206.

17 Ludwig Wittgenstein: *Zettel, Werkausgabe, Bd. 8*, Frankfurt a. M. 1984, § 567.

18 Wittgenstein: *Philosophical Investigations / Philosophische Untersuchungen, S. 178 / IIiv.*

19 Wittgenstein: *Philosophical Investigations / Philosophische Untersuchungen*, S. 113 / § 357.

20 Wittgenstein: *Philosophical Investigations / Philosophische Untersuchungen*, S. 183.

21 Wittgenstein: *Philosophical Investigations / Philosophische Untersuchungen*, S. 213 / IIxi.

22 David Hume, *Treatise*; zit. nach Anton Thomsen, *David Hume, sein Leben und seine Philosophie; anlässlich des 200. Jahrestages seiner Geburt herausgegeben*, Berlin 1912, S. 33.

23 Wittgenstein: *Philosophical Investigations / Philosophische Untersuchungen*, S. 140 / § 647.

24 Wittgenstein: *Philosophical Investigations / Philosophische Untersuchungen*, S. 129 / § 580.

25 Ludwig Wittgenstein: *Bemerkungen über die Philosophie der Psychologie II, Werkausgabe Bd. 7*, Frankfurt a. M. 1984, § 570. Vgl. Wittgenstein: *Zettel*, § 225.

26 Vgl. Wittgenstein: Philosophical Investigations / Philosophische Untersuchungen, S. 86 / § 303.

27 Maurice Merleau-Ponty: *Phänemenologie der Wahrnehmung*, übers. v. Rudolf Boehm, Berlin 1966, S. 218 f.

28 Merleau-Ponty: *Phänomenologie der Wahrnehmung*, S. 222.

29 Wittgenstein: *Zettel*, § 526.

30 Wittgenstein: *Bemerkungen über die Philosophie der Psychologie II*, § 328.

31 Wittgenstein: *Zettel*, § 520.

32 Gregory Berns: *What It's Like to Be a Dog: and Other Adventures in Animal Neuroscience*, New York 2017.

33 Michael S. Gazzaniga: *Who's in Charge? Free Will and the Science of the Brain*, New York 2011, S. 190.

34 Adam P. Steiner & A. David Redish: »Behavioral and neurophysiological correlates of regret in rat decision-making on a neuroeconomic task«, *Nature Neuroscience* 17 (2014), S. 995–1002.

35 Conwy Lloyd Morgan: *An Introduction to Comparative Psychology*, London 1894, S. 53.

36 Conwy Lloyd Morgan: *Animal Life and Intelligence*, London 1890–91, S. 398 f.

37 Frans B.M. de Waal: »Anthropomorphism and Anthropodenial: Consistency in Our Thinking about Humans and Other Animals«, *Philosophical Topics* 27 (1999), S. 255–280.

38 Zana Bahlig-Pieren & Dennis C. Turner: »Anthropomorphic Interpretations and Ethological Descriptions of Dog and Cat Behavior by Lay People«, *Anthrozoös* 12 (1999), S. 205–210.

39 David Hume: *Traktat über die menschliche Natur*, übers. v. Theodor Lipps, Hamburg 1904, S. 237 f. Für einen verwandten Aspekt siehe Michel de Montaigne: »Schutzschrift für Raimond von Sebonde«, in *Essais [Versuche] nebst des Verfassers Leben nach der Ausgabe von Pierre Coste ins Deutsche übersetzt von Johann Daniel Tietz*, Band 2, Zürich 1992.

40 David Hume: *Traktat über die menschliche Natur*, S. 237.

41 Daniel C. Dennett: »True Believers«, in ders., *The Intentional Stance*, Cambridge MA 1987, S. 13–42.

42 Fritz Heider und Marianne Simmel: »An Experimental Study of Apparent Behavior«, *The American Journal of Psychology* 57 (1944), S. 243–259.

43 René Descartes, *The Philosophical Writings of Descartes*. Vol. III: *The Correspondence*, übers. v. John Cottingham et al. Cambridge, S. 100, 203 f.

44 Descartes: *The Correspondence*, S. 99.

45 René Descartes, *René Descartes' philosophische Werke*. Übers., erl. und mit e. Lebensbeschreibung des Descartes vers. von J. H. von Kirchmann, Berlin 1870, S. 65 f.

46 Descartes: *The Correspondence*, S. 304.

47 Descartes: *The Correspondence*, S. 61 f.

48 Descartes: *The Correspondence*, S. 148 f.

49 Descartes: *The Correspondence*, S. 365.

50 Peter Carruthers: »Brute Experience«, *The Journal of Philosophy* 86 (1989), S. 258–269.

51 Immanuel Kant: *Werke in zwölf Bänden*. Hg. V. Wilhelm Weischedel, Frankfurt a. M. 1977, S. 930 f.

52 Peter Godfrey-Smith: *Der Krake, das Meer und die tiefen Ursprünge des Bewusstseins*. Übers. v. Dirk Höfer, Berlin 2019.

53 Ned Block: »Consciousness«, in Richard L. Gregory (Hg.): *The Oxford Companion to the Mind*, Oxford ²2004.

54 Melvyn Goodale und David Milner: *Sight Unseen: An Exploration of Conscious and Unconscious Vision*, Oxford ²2017.

55 Siehe zum Beispiel Michael Tye: *Tense Bees and Shell-Shocked Crabs: Are Animals Conscious?*, Oxford 2017.

56 Vgl. Adriana S. Benzaquén: *Encounters with Wild Children: Temptation and Disappointment in the Study of Human Nature*, Montreal 2006.

57 Hans-Georg Gadamer: *Wahrheit und Methode. Grundzüge einer philosophischen Hermeneutik. Gesammelte Werke Band 1*, Tübingen 1990, S. 392.

58 Laasya Samhita & Hans J. Gross: »The ›Clever Hans Phenomenon‹ revisited«, *Communicative and Integrative Biology* 6 (2013) [https://doi.org/10.4161/cib.27122 – 02.07.2019].

59 Vgl. Carl Safina: *Die Intelligenz der Tiere. Wie Tiere fühlen und denken*. Übers. v. Gabriele Würdinger, München 2017, S. 243.

60 Vgl. Clive D.L. Wynne & Monique A.R. Udell: *Animal Cognition: Evolution, Behavior and Cognition*, London ²2013, S. 41.

61 Alex Thornton & Katherine McAuliffe: »Teaching in Wild Meerkats«, *Science* 313 (2006), S. 227–228.

62 Immanuel Kant: *Logik*, in *Kants gesammelte Schriften*. Bd. XVI, Berlin/New York 1902–, Reflexion 3444.

63 Alex Thornton & Dieter Lukas: »Individual variation in cognitive performance: developmental and evolutionary perspectives«, *Philosophical Transactions of the Royal Society B* 367 (2012), S. 2773–2783.

64 Monique W. de Veer et al.: »An 8-year longitudinal study of mirror self-recognition in chimpanzees (Pan troglodytes)«, *Neuropsychologia* 41 (2003), S. 229–234.

65 Wynne & Udell: *Animal Cognition* (wie Anm. 60), S. 174.

66 Wynne & Udell: *Animal Cognition*, S. 175 f.

67 Kant: *Anthropologie*, § 1.

68 Immanuel Kant: *Kritik der Urteilskraft*, in *Kants gesammelte Schriften*. Bd. V, Berlin/New York 1902–, S. 464.

69 Søren Kierkegaard: *Die Krankheit zum Tode: eine christlich-psychologische Entwicklung zur Erbauung und Erweckung von Anti-Climacus*, Kopenhagen 1849, S. 10.

70 Lucius Annaeus Seneca: *Philosophische Schriften*, Band 4, übers. v. Otto Apelt, Leipzig 1924, S. 347.

71 Henri Bergson: *Materie und Gedächtnis*, übers. v. Julius Frankenberger, Jena 1919, S. 71.

72 Vgl. Franz de Waal: *Are We Smart Enough to Know How Smart Animals Are?*, London 2016, S. 119 f.

73 Mathias Osvath: »Spontaneous planning for future stone throwing by a male chimpanzee«, *Current Biology* 19 (2009), S. 190–191.

74 Michel Jouvet: »Behavioural and eeg effects of paradoxical sleep deprivation in the cat«, *Excerpta Medica Interna-*

tional Congress Series No. 87, Tokio 1965, S. 344–353; repr. online http://sommeil.univ-lyon1.fr/articles/jouvet/picps_ 65/ [02.07.2019].

75 Nicola S. Clayton & Anthony Dickinson: »Episodic-like memory during cache recovery by scrub jays«, *Nature* 395 (1998), S. 272–274.

76 Homer: *Odyssee*, übers. v. Johann Heinrich Voß, Frankfurt a. M. 1990, Gesang 17, Zeilen 290–327.

77 Wilhelm Dilthey: *Der Aufbau der geschichtlichen Welt in den Geisteswissenschaften.* Frankfurt a. M. 1970.

78 Wilhelm Dilthey: *Logik und System der philosophischen Wissenschaften: Vorlesungen zur erkenntnistheoretischen Logik und Methodologie*, Göttingen 1990, S. 345.

79 Gadamer: *Wahrheit und Methode*, S. 457, Vgl. S. 447.

80 Martin Heidegger: *Die Grundbegriffe der Metaphysik. Welt – Endlichkeit – Einsamkeit (1929–30)*, Frankfurt a. M. 1992, S. 409.

81 Heidegger: *Grundbegriffe der Metaphysik*, § 42.

82 Heidegger: *Grundbegriffe der Metaphysik*, S. 384, 416.

83 Martin Heidegger: *Sein und Zeit.* Tübingen 1986, S. 68.

84 Heidegger: *Sein und Zeit*, S. 161.

85 Heidegger: *Prolegomena zur Geschichte des Zeitbegriffs*, S. 373.

86 Heidegger: *Sein und Zeit*, S. 157.

87 Donald Griffin: *Animal Minds. Beyond Cognition to Consciousness*, Chicago 1992.

88 Vgl. Martin Heidegger: *Einführung in die phänomenologische Forschung*, Frankfurt a. M. 1994, S. 22.

89 Martin Heidegger: *Wegmarken*, Frankfurt a. M. 1976, S. 313, 333.

90 Martin Heidegger: *Heraklit*, Frankfurt a. M. 1979, S. 217.

91 Martin Heidegger: *Sein und Zeit*, S. 141.

92 Martin Heidegger: *Nietzsche, Erster Band*, Pfullingen 1989, S. 119.

93 Max Scheler: *Wesen und Formen der Sympathie*, Bonn ²1923.

94 Die Darstellung von Uexküll basiert im Großen und Ganzen auf *Kompositionslehre der Natur: Biologie als undogmatische Naturwissenschaft*, Frankfurt a. M./Berlin/Wien 1980.

95 Montaigne: »Schutzschrift für Raimond von Sebonde« (wie Anm. 39), S. 351.

96 Friedrich Nietzsche: *Werke in drei Bänden.* Band 3, Herausgegeben von Karl Schlechta, München 1954, S. 315 f.

97 Platon: *Theaitetos*, in Platon. *Sämtliche Werke.* Berlin 1940, S. 575

98 Platon: *Theaitetos*, S. 589.

99 Charles Foster: *Being a Beast*, London 2016 (dt.: *Der Geschmack von Laub und Erde: Wie ich versuchte, als Tier zu leben*, aus dem Engl. v. Gerlinde Schermer-Rauwolf und Robert A. Weiß, München 2017).

100 Thomas Nagel: *What is it like to be a Bat? / Wie ist es, eine Fledermaus zu sein?* Zweispr. Englisch/Deutsch. Übers. v. Thomas Diehl, Ditzingen 2016 (urspr. in: *The Philosophical Review* 83 (1974), S. 435–450).

101 Jaak Panksepp: *Affective Neuroscience: The Foundations of Human and Animal Emotions*, Neuaufl. Oxford 2005.

102 Vgl. Aaron Ben-Ze'ev: *The Subtlety of Emotions*, Cambridge MA/London 2000 (dt. *Die Logik der Gefühle. Kritik der emotionalen Intelligenz*, aus dem Engl. v. Friedrich Griese, Frankfurt a. M. 2009).

103 Mietje Germonpré et al.: »Fossil dogs and wolves from Palaeolithic sites in Belgium, the Ukraine and Russia: osteometry, ancient DNA and stable isotopes«, *Journal of Archaeological Science* 36 (2009), S. 473–490.

104 Siehe z. B. Miho Nagasawa et al.: »Oxytocin-gaze positive loop and the coevolution of human-dog bonds«, *Science* 348 (2015), S. 333–336.

105 Krista Macpherson und William A. Roberts: »Do Dogs (*Canis familiaris*) Seek Help in an Emergency?«, *Journal of Comparative Psychology* 120 (2006), S. 113–119.

106 Montaigne: »Schutzschrift für Raimond von Sebonde« (wie Anm. 39), S. 289.

107 Jean-Denis Vigne et al.: »Early Taming of the Cat in Cyprus«, *Science* 304 (2004), S. 259.

108 Vgl. Abigail Tucker: *Der Tiger in der guten Stube. Wie die Katzen erst uns und dann die Welt eroberten*, übers. v. Martina Wiese et al., Darmstadt 2017.

109 Die folgende Darstellung über den Kopffüßer ist in besonders hohem Maße Peter Godfrey-Smith: *Other Minds: The Octopus, the Sea, and the Deep Origins of Consciousness*, New York 2016, geschuldet. Nutzen habe ich auch aus dem populärwissenschaftlichen Buch von Sy Montgomery gezogen: *Rendezvous mit einem Oktopus. Extrem schlau und unglaublich empfindsam: das erstaunliche Seelenleben der Kraken*, übers. v. Heide Sommer, Hamburg 2017.

110 Johan Huizinga: *Homo Ludens: Vom Ursprung der Kultur im Spiel*. Übers. v. H. Nachod, Reinbek ¹⁹2004, S. 7.

111 Denise Aydinonat et al.: »Social Isolation Shortens Telomeres in African Grey Parrots (Psittacus erithacus erithacus)«, *PLoS One* 9 (2014), S. p. e93839.

112 Akiko Koto et al.: »Social isolation causes mortality by disrupting energy homeostasis in ants«, *Behavioral Ecology and Sociobiology* 69 (2015), S. 583–591.

113 Vgl. Lars Fr. H. Svendsen: *Philosophie der Einsamkeit*, übers. v. Daniela Stilzebach, Wiesbaden 2016.

114 Vgl. Barbara J. King: *How Animals Grieve*, Chicago 2013.

115 Frans de Waal: *Der Mensch, der Bonobo und die Zehn Gebote: Moral ist älter als Religion*, übers. v. Cathrine Hornung, Stuttgart 2015, S. 259 ff.

116 Sigmund Freud: »Trauer und Melancholie«, *Essays II*, Berlin 1989, S. 104 f.

117 Jane Goodall: *Ein Herz für Schimpansen: Meine 30 Jahre am Ghombe-Strom*, übers. v. Ilse Strasmann, Reinbek 1991, S. 226.

118 Stanley Wechkin, J.H. Masserman & W. Terris: »Shock to a conspecific as an aversive stimulus«, *Psychonomic Science* 1 (1964), S. 47–48.

119 Russell M. Church: »Emotional reactions of rats to the pain of others«, *Journal of Comparative and Physiological Psychology* 52 (1959), S. 132–134.

120 Eine umfassende historische Übersicht mit unzähligen faszinierenden Dokumenten solcher Tierprozesse findet sich in Edward Payson Evans: *The Criminal Prosecution and Capital Punishment of Animals*, London 1906. Eine neue Darstellung und Diskussion bietet Jen Girgen: »The historical and contemporary prosecution and punishment of animals«, in: *Animal Law* 9 (2003), S. 97–134.

121 Vgl. Marc Hauser: *Wild Minds: What Animals Really Think*, London 2001, S. 120.

122 Charles Darwin: *Die Abstammung des Menschen*, übers. v. J. Victor Carus, Wiesbaden 1992, S. 122.

123 Frans de Waal: *Good Natured: The Origins of Right and Wrong in Humans and Other Animals*, Cambridge MA 1997, S. 209.

124 David Hume: *Traktat über die menschliche Natur*, wie Anm. 39, Drittes Buch, Erster Teil, Erster Abschnitt.

125 Emmanuel Levinas: »Nom d'un chien oder das Naturrecht (1963)«, *Texte zur Tiertheorie*, hg. V. Roland Borgatrds et al., Ditzingen 2015, S. 129-133.

126 Kant: *Antropologie*, § 1.

127 Immanuel Kant: *Vorlesungen über Ethik*, in *Kants gesammelte Schriften*, Band XXVII, Berlin /New York 1902–, S. 212.

128 Robert Bernasconi & David Wood (Hg.): *The Provocation of Levinas: rethinking the Other*, London 1988, S. 169.

129 Emmanuel Levinas: *Humanismus des anderen Menschen*, übers. und mit einer Einl. vers. von Ludwig Wenzler, Hamburg 2005, S. 43.

130 Emmanuel Levinas: *Of God Who Comes to Mind* (orig. *De Dieu qui vient à l'idée*), übers. von Bettina Bergo, Stanford 1998, S. 152 f.

131 Carl von Linné: Brief an Johann Georg Gmelin v. 25. Februar 1747, siehe http://urn.kb.se/resolve?urn=urn:nbn:s e:alvin:portal:record-223725 [02.07.2019].

132 Michel Foucault: *Die Ordnung der Dinge. Eine Archäologie der Humanwissenschaften*. Übers. v. Ulrich Köppen, Frankfurt a. M. 1971, S. 17.

133 Jorge Luis Borges: »John Wilkins' Analytical Language«, in: *The Total Library. Non-Fiction 1922–1986*, Harmondsworth 1999, S. 229 ff.

134 Johann Wolfgang von Goethe: *West-östlicher Divan, Epen. Maximen und Reflexionen, Goethes poetische Werke zweiter Band*, Stuttgart 1950, S. 791.

135 Charles Darwin: *Der Ausdruck der Gefühle bei Mensch und Tier*, nach d. Übers. von Theodor Bergfeldt neu hrsg., ausgew. u. kommentiert von Ulrich Beer, Düsseldorf 1964, Kap. 13.

136 Aristoteles, *Politik*, übers. und hrsg. von Olof Gigon, München 1998, S. 49 (Buch I, Kap.2 1253a, 5).

137 David Hume: *Traktat über die menschliche Natur*, wie Anm. 39, S. 237 f.

138 Zitiert nach Frans de Waal: *Are We Smart Enough To Know How Smart Animals Are?*, New York 2016, S. 121.

139 Jacques Derrida: *Das Tier, das ich also bin*, übers. v. Markus Sedlaczek, Wien 2016.

140 Aristoteles: *Nikomachische Ethik*, übers. v. Eugen Rolfes, Leipzig 1911, Neuntes Buch, Viertes Kapitel (RZ 1166).

141 Kant: *Vorlesungen über Ethik*, S. 423.

142 Immanuel Kant: *Metaphysik der Sitten*, in: *Kants gesammelte Schriften*, Band VI, Berlin 1902–, S. 471.

This translation has been published with the financial support of NORLA.

Bibliografische Information der Deutschen Nationalbibliothek
Die Deutsche Nationalbibliothek verzeichnet diese Publikation in der
Deutschen Nationalbibliografie; detaillierte bibliografische Daten sind im
Internet über
http://dnb.d-nb.de abrufbar.

© der deutschen Übersetzung by Berlin University Press in der
Verlagshaus Römerweg GmbH, Wiesbaden 2019
Copyright: © 2018 Kagge forlag
Originaltitel: Å forstår dyr
Lektorat: Bernhard Suchy, Wiesbaden
Covergestaltung: Anja Carrà, Weimar
Illustrationen: heitorjose@adobe stock, Samira Kasymowa@adobe stock
Satz und Bearbeitung: SATZstudio Josef Pieper, Bedburg-Hau
Der Titel wurde in der Bodoni MT gesetzt.
Gesamtherstellung: CPI books GmbH, Leck – Germany

ISBN: 978-3-7374-1332-9

Mehr über Ideen, Autoren und Programm des Verlags finden Sie auf
www.verlagshausroemerweg.de und in Ihrer Buchhandlung.